저자 **노진경**

약 력 건국대학교 무역학과
인하대학교 경영대학원 MBA

자 격 前, 데일 카네기 코스 강사, 카네기 경영전략 강사, 카네기 리
더십 강사, 세일즈 강사
PHD 컨설팅, 경인카네기연구소 소장, 중소기업연수원 외부
강사, 뉴호라이즌 코리아 전임강사
現, 성취동기개발센터/서비스경영연구소 소장, 한국생산성본
부 지도교수, 한국표준협회 경영전문위원, 중소기업연수원 사
이버튜터, 한국능률협회인증원 지도교수, 카이저 교육 컨설팅
지도교수, 한국조직개발협회 지도교수, 애니어그램 일반강사

저 서 『김 대리 영업의 달인이 되다』(Sales Master Series 1)

표지디자인 **김도영**

프리젠테이션 마스터 A-z

노진경 지음

프롤로그
prologue...

김 대리는 오늘도 주요 가망고객으로 선정한 ○○기업을 방문한다. 구매부의 차상기라는 담당자를 만난다. 차상기 담당자는 김 대리의 방문을 꺼리지 않는다. 늘 반갑게 맞이해주고 상담도 잘 응해준다. 그런데 본격적인 영업상담을 시작하면 곧바로 어색한 분위기가 되고 집중을 하지 못한다. 도대체 무엇이 장애물인지 김 대리는 혼란스럽다. 그동안 방문을 하면서 제품의 성능과 문제해결 수준 그리고 그 결과로 다른 고객들이 누리고 있는 이익품질향상, 원가절감 등을 충분한 자료와 함께 제시하였고 차상기 씨도 긍정적인 반응을 보였는데, 그 이후의 상담에 진전이 없다. 오늘은 반드시 그 원인을 알아내고 대안을 준비하고자 한다.

김 대리는 반갑게 인사를 하고 차상기 씨에게 "오늘은 긴히 드릴 말씀이 있으니 상담실로 자리를 옮기는 것이 어떻겠습니까?"라고 제안한다. 차상기 씨는 김 대리를 바라보고는 "그래요? 그럽시다." 하면서 자리에서 일어나 상담실로 향한다. 상담실에 들어간 김 대리는 심호흡을 하면서 자리에 앉아서 "차상기 씨, 제가 차상기 씨를 만난 지 벌써 4개월이 지났군요. 그동안 제가 드린 자료들에 대해 차상기 씨께서도 긍정적인 반응을 보여주셨습니다. 따라서 지금쯤이면 그것에 대한 답을 들을 수 있을 것이라 생각하는데, 어떻습니까? 지금 어느 정도 진행이 되고 있나요? 그것을 알려주시면 제가 다음에 어떤 조치를 취해야 할지 결정을 할 수 있을 것 같습니다."라고 말하고는 차상기 씨를 바라본다.

차상기 씨는 한동안 생각을 한 후 "맞습니다. 저도 김 대리님의 제안 내용이 우리 회사에 도움이 된다는 것을 인정합니다. 그리고 그 구매 건이 금년도 구매업무에도 들어가 있습니다. 하지만 그것을 제가 우리 회사의 부서장님들, 특히 품질부와 생산부의 부장님과 부서 내 전문가들을 설득시키기 어렵군요. 사실 이 이야기는 제 입장에서 하고 싶지 않은 내용인데……. 그래서 아직 적극적으로 그 부서에 이야기를 하지 못했습니다. 계획은 되어 있지만, 그쪽에서 아직 반응이 없습니다. 다른 좋은 방법이 있을까요? 그분들의 동의와 합의가 있어야 본격적인 일을 시작할 수 있는데, 구매부서에서 먼저 구매를 할 사안도 아니고, 품질부와 생산부에 이야기를 하자니 그 부서가 부정적인 반응을 보일 것도 같고……. 그렇다

보니 아직 우리 부장님께도 보고를 하지 못하고 있습니다.” 하면서 자신의 입장을 이야기한다.

아직까지 본격적인 검토를 하고 있지 않다는 차상기 씨의 말을 듣고 김 대리는 놀란다. 그렇다고 고객을 비난할 수도 없는 일이 아닌가? 김 대리는 잠시 생각을 한 후 “그렇군요. 충분히 이해가 갑니다. 그럼 그분들을 제가 만나면 어떻겠습니까?”라고 제안했다. 그러자 차상기 씨는 “직접 만난다고요? 그럼 제 입장이…….” 하면서 민감하게 반응을 한다. 김 대리는 “아! 제가 차상기 씨를 제치고 그분들을 만난다는 것이 아니라 그분들에게 저희가 공식적으로 프리젠테이션을 하면 어떨까 하고 제안하는 것입니다. 자리를 만들어 주실 수 있겠습니까?’ 하면서 부드럽게 이야기한다.

차상기 씨는 김 대리의 말을 듣고 “그것은 가능할 것 같습니다. 그럼 제가 부장님께 보고를 드려 부장님의 의견을 듣고 알려드리지요.” 하면서 대답을 한다. 그날은 그렇게 상담을 마쳤다. 김 대리는 차상기 씨가 자신의 부장을 설득해 프리젠테이션을 할 수만 있다면 얼마든지 관련된 사람들을 설득할 수 있을 것이라 믿는다.

이틀 후 김 대리는 차상기 씨로부터 전화를 받는다. 부장이 허락을 하였다는 말과 함께 일주일 후인 금요일 오전 10시에 20분간 시간을 내주겠다는 것이다. 김 대리는 고맙다는 말과 함께 최선을 다해 준비를 하겠다고 하면서 “제가 이메일로 자료를 하나 보내드리겠습니다. 프리젠테이션 준비를 위해 제가 알고 싶은 내용인데 차상기 씨가 알고 계신 범위 내에서 답을 해주시면 감사하겠습니다."라고 하자 차상기 씨는 "그러지요. 아무튼 어렵게 허락을 받은 시간이니까 잘 준비해 주시기 바랍니다." 하면서 전화를 끊는다.

김 대리는 전화를 끊고 이메일로 프리젠테이션을 위한 아젠더를 작성하면서 그동안 차상기 씨가 이야기한 내용을 정리하고 추가로 확인할 사항을 정리해 이메일을 보냈다. 답장이 오면 본격적인 준비를 할 것이다.

다음날 김 대리는 차상기 씨로부터 온 이메일을 확인하고 더욱더 프리젠테이션의 성공에 확신을 갖는다. 김 대리는 자신의 노하우인 프리젠테이션 마인드맵과 여러 가지 시트를 하나씩 작성하고, 적절한 증거자료를 만든다. 프리젠테이션을 위한 시각자료와 설득을 위한 준비_{고객 니즈와 김 대리의 솔루션}를 마친 후 프리젠테이션 시나리오를 작성하면서 머릿속으로 단어 하나, 표현 하나 그리고 자신의 제스처, 태도, 자세 등을 상상하면서 연습을 한다.

드디어 김 대리는 고객사의 부서장들과 사내 전문가들 앞에 섰다. 정중하게 인사를 하고 준비된 시나리오대로 프리젠데이션을 시작한다. "안녕하십니까! (주)잘나가의 영업사원 김기대 대리입니다. 오늘은 귀사의 경쟁력 강화를 위한 품질향상과 원가절감에 대해 말씀을 드리고자 합니다. 저희 회사는

○○○한 능력으로 귀사와 같은 기업의 품질향상과 원가절감에 탁월한 성과를 올리고…… 따라서 오늘은 총 5가지 주제로 귀사가 얻을 품질향상 그리고 원가절감을 통해 얻게 되실 경영상의 이익을 ○○와 같은 증거자료와 통계로 제안을 하고자 합니다. 총 시간은…….” 김 대리는 차분하면서도 전문적으로 준비된 프리젠테이션을 진행한다. 김 대리의 눈에 들어오는 청중고객의 반응이 긍정적이다. 성공적인 프리젠테이션이 될 것이라고 더욱 확신하면서 김 대리는 계속 진행을 한다. 그 결과는?

이것이 프리젠테이션이다. 김 대리는 영업을 하면서 막힌 영업 프로세스의 장애물을 프리젠테이션이라는 도구로 훌륭히 극복하였다. 당신은 프리젠테이션에 얼마나 능숙한가? 영업의 도구로 얼마나 유효적절하게 활용하고 있는가? 김 대리와 같이 멋지고 전문가적인 프리젠테이션을 할 수 있는가? 오늘날 영업 비즈니스에서 프리젠테이션이 차지하는 비중은 점점 높아간다. 고객들 또한 이 도구를 통해 자사의 비즈니스를 지원하는 최상의 솔루션을 구매하고자 한다.

이 책은 영업 비즈니스를 하는 영업전문가들을 위해 쓰여졌다. 그렇다고 영업을 하지 않는 비즈니스맨들에게 적용되지 않는 것은 아니다. 어떤 프리젠테이션이든 그것의 목적은 청중고객을 설득하는 것이다. 이 목적을 달성하고자 하는 비즈니스 전문가라면 이 책을 통해 그 답을 알 수 있을 것이다.

이 책은 이론적인 내용보다는 실무적인 상황과 필자의 경험 그리고 실제로 적용할 수 있는 도구들 중심으로 구성되었다. 이 책을 통해 당신의 경력에 프리젠테이션 전문가라는 항목을 하나 추가할 수 있기를 바란다.

노진경

차례
contents

contents

제1장
프리젠테이션의 이해

영업에서 최고가 되고자 하는 김 대리!

김 대리는 영업의 성공을 위해서는 고객과의 인간적인 관계를 구축하는 것이 제일 중요하다고 여기고 있다. 물론 그러한 믿음은 이제까지 김 대리의 영업실적에 매우 중요한 역할을 하였다.

최근에 김 대리는 새로운 거래처를 발굴하고 비즈니스의 성사를 위해 노력하고 있다. 몇 차례의 상담으로 고객의 문제와 니즈를 알아낸 김 대리는 오늘도 자료를 준비해 고객과 상담을 하려고 고객의 사무실로 들어선다. 오늘은 반드시 기대하는 성과를 얻어 갈 것이라고 다짐을 한다.

김 대리는 이제까지 자신과 상담을 한 고객사의 박기찬 과장 자리로 다가가 반갑게 인사를 한다. 그러자 박기찬 과장은 "김 대리님. 마침 잘 오셨습니다. 잠시 후 부서장님들 미팅이 있는데 그 자리에서 김 대리님께서 저희에게 소개한 상품에 대해 설명해 주시기 바랍니다. 알고 계시듯이 구매 결정은 제가 하는 것이 아니고 부서장님들의 결재가 있어야 하니까요. 그리고 그 상품에 대해선 저보다 김 대리님이 전문가이시니까요! 제가 지금 회의실에 가서 부서장님의 허락을 받아 오도록 하지요. 그동안 준비를 해 주시기 바랍니다." 하면서 일어나 회의실로 간다.

김 대리는 눈앞이 캄캄해져 온다. '설명이라니? 그것도 부서장님들 앞에서……. 이제까지 한 번도 만난 적이 없고, 나보다 직급도 높고, 게다가 준비도 해 오지 못했는데……. 어떻게 하지? 미리 말씀을 해 주셨으면 좋았을 텐데……. 그렇다고 못 한다고 할 수도 없고! 만약에 부서장님들을 설득하는 데 실패하면 그동안의 노력이 수포로 돌아가는 것이 아니겠는가?' 하면서 고민을 한다. 그때 박기찬 과장이 자리로 돌아와 "지금 협의 중인 내용이 마무리되면 15분 정도 시간을 내주기로 하셨습니다. 아마도 10분 정도 후면 시작할 수 있을 것입니다.

제가 가진 확신만큼 부서장님들께도 확신을 심어 주시면 좋겠습니다."
한다.

　김 대리는 그렇게 하겠다고 답을 하면서도 마음속으로는 실패에 대한 두려움이 가득하다.

당신이 위 사례의 김 대리라면 어떻게 상황을 극복할 것인가? 김 대리가 성공적인 설명을 마친다면? 혹 김 대리가 설명을 제대로 하지 못한다면? 어떠한 경우든 그 결과를 상상하기 어렵지는 않을 것이다. 어쩌면 당신도 영업과 마케팅 업무에 종사하고 있으면서 예상하지 못한 상황에서 당신의 생각이나 의견 또는 상품에 대한 설명을 해야 할 때가 있을 것이다.

"당신이 아무리 훌륭한 아이디어를 갖고 있다 해도, 이를 이해시키지 못하면 당신의 두뇌는 쓸모없는 것이다."라고 크라이슬러 사의 전 회장 리 아이아코카는 말한다. "나는 훌륭한 아이디어를 갖고 있지만 이를 다른 사람들에게 설명하는 데 어려움을 겪는 수많은 엔지니어를 알고 있다. 대단한 재능을 가진 사람이 자신의 머릿속에 있는 것을 이사회나 위원회에 말하지 못할 때는 언제나 유감스럽다."

21세기는 디지털 시대이다. 지식 사회이다. 지식인이 요구되는 사회이다. 이 디지털 시대, 지식 사회에서 인정받고 유능한 인재가 되기 위해 개인이 갖추어야 할 능력 중 하나가 커뮤니케이션 능력이다. 디지털이라는 기술이 개발되고 모든 조직과 사회 기능들이 디지털에 적응을 하여야 한다. 디지털은 인간이 가진 커뮤니케이션 기능의 확대이자, 인간 활동력의 확대이다. 이러한 변화에 적응하기 위해서는 커뮤니케이션 기술의 향상이 필연적으로 요구된다. 또한 지식이 가치가 있기 위해서는 머릿속에 머물러 있는 지식이어서는 안 된다. 외부로 표현이 되고, 다른 사람들의 동의를 얻고, 그들의 적극적인 지원을 받을 때, 그 지식은 가치 있는 것이 되고 또 당신이 유능한 인재가 되는 것이다.

당신이 하는 업무에서 외부 고객이 바라고 기대하는 해결책 - 당신과 당신 조직 그리고 당신이 속한 조직의 다른 구성원들이 가진 해결책 - 으로 그 해결책을 찾고 있고 기꺼이 비용을 지불할 준비가 되어 있는 고객을 설득하지 못한다면 당신이 가진 고객 문제의 해결책이라는 지식은 그냥 지식일 뿐이다. 그 지식이 고객에게 전달되고 그들의 동의를 얻어 도입을 결정하고, 도입 후 실행이 될 때 그것은 가치 있는 지식이 되고 비즈니스가 발생하며 당신과 당신 조직, 더 나아가 고객이 이익을 얻는 상호관계가 지속될 것이다. 이러한 이익을 가져오는 능력이 커뮤니케이션 능력이다.

많은 커뮤니케이션 수단과 방법말하기, 보고서, 제안서, 듣기, 연설 등 중 다수의 사람들 앞에서 주어진 시간 내에 그들을 설득하는 것이 프리젠테이션이다. 오늘을 살아가는 우리는 조직 내에서든, 고객 기업에서든, 개인적인 사회생활에서든 자신의 의견이나 생각 그리고 아이디어를 발표하고 설득을 해야 하는 상황에 자주 직면한다. 그럴 때마다 그 자리를 피한다면? 아니면 그러한 자리에서 당당하고 논리적이며 설득력 있는 발표를 할 수 있다면? 당신의 능력을 인정받는 것은 당신에게 기대하는 성과를 올릴 때이다. 특히 커뮤니케이션 능력은 다른 어떠한 능력보다 성과를 올리는 데 요구되는 중요한 능력이다. 프리젠테이션 또한 커뮤니케이션 능력 중 하나이다. 당신의 보석과도 같은 귀중한 아이디어와 생각들을 겉으로 드러내어 그 가치를 발하도록 하는 능력인 것이다. 다행스럽게도 이러한 능력은 타고나기도 하지만 연습과 노력으로 강화할 수 있다는 것이다. 따라서 이 글을 통해 당신의 프리젠테이션 능력을 한 단계 올릴 수 있는 방법과 지식 그리고 기술들을 함께 알아보고자 한다.

　기업과 사회에서는 지식의 양보다는 습관화, 행동화된 기술을 요구한다. 습관과 기술의 업그레이드는 실습과 행동을 통해서만 가능하다. 이 글에서 제시되는 방법과 기술들을 적극 활용해 자신의 중요한 능력으로 만들기 바란다.

1.1 프리젠테이션이란?

그러면 프리젠테이션이란 무엇인가? 프리젠테이션은 당신이 가진 생각, 의견, 아이디어 또는 솔루션들이 상대방 또는 고객의 문제를 해결하고, 욕구니즈를 충족하는 데 가장 적합한 것이라는 것을 다양한 시각자료와 매체를 통해 논리적으로 설득하는 과정과 그 과정을 마무리하는 커뮤니케이션의 한 형태이다.

① 당신은 상대에게 전달할 수 있는 무엇인가가 있어야 한다

당신이 어떠한 의견이나 아이디어 그리고 솔루션이 없다면 프리젠테이션의 기회 또한 없을 것이다. 조직 또는 부서 내에서 이루어지는 회의든, 고객과 진행하는 비즈니스 상담에서든 당신은 상대방에게 전달하고자 하는 것이 있어야 한다.

조직 내의 프리젠테이션이라면 문제해결에 대한 의견이나 아이디어 또는 사업계획과 성과보고 등등이 있다. 고객과 비

즈니스 상담을 하는 경우라면 고객의 문제에 가장 적합한 당
신과 당신 회사가 가진 해결방법들이 필요하다.

**② 당신이 가진 의견이나 생각, 아이디어 그리고
솔루션들은 가치가 있어야 한다**

이 가치는 프리젠테이션을 진행하는 당신에게나 당신의 프리
젠테이션을 듣는 상대, 즉 고객에게 매우 중요한 조건이다.
가치 없는 메시지는 힘이 없다. 힘이 없다는 것은 설득도 집
중도 이끌어 내지 못한다는 것이다. 얼마 전 필자는 모 기업
의 신년 사업계획발표 워크숍에 참석을 하였다. 필자가 강의
를 하기에 앞서 각 부서는 신년도 사업계획과 목표를 발표한
후 경영기획실에서 회사의 경영방침과 경영목표를 발표하였
다. 그런데 그전의 분위기와는 다른 분위기가 형성되는 것이
었다. 그 원인은 발표하는 내용과 방법에 있었다. 발표자는
조직의 고위 경영층으로서 일방적인 지시 형태의 발표역할과 책
임만을 강조하는를 하는 것이었다. 그러한 내용을 듣는 구성원들
의 흥미가 떨어지는 것은 당연한 것이 아니겠는가?

　사람들은 자신에게 가치 있는 메시지와 정보에 귀를 기울
이고, 집중을 하며 기억을 하고 필요에 따라 행동을 한다. 당
신이 유능한 프리젠터가 되려면 당신의 메시지를 당신의 프
리젠테이션을 듣는 이들에게 가치문제해결, 이익, 욕구(니즈) 충족 있

는 메시지로 만들 수 있어야 한다.

③ 상대방과 고객이 있어야 한다

상대방과 고객, 즉 프리젠테이션의 청중_{고객}은 당신에게 용기
를 주기도 하고 엄청난 부담을 주기도 한다. 그들이 당신에게
프리젠테이션의 기회를 주고 당신의 능력을 그들 앞에서 공
개적으로 검증을 받는 기회이기 때문에 도전의 용기를 준다.
또한 그들을 설득해서 당신이 원하는 행동을 하도록 해야 하
는 부담도 있다. 그리고 그들이 항상 우호적이지 않다는 것이
더 큰 부담을 주기도 한다. 그들과 당신이 가진 생각과 가치
관의 차이가 부담을 주기도 한다. 어쨌든 청중_{고객}이 없는 프
리젠테이션은 있을 수 없다.

청중_{고객}을 잘 이해하는 능력이야말로 프리젠테이션을 성공
적으로 진행하는 데 매우 중요하다. 성공적인 프리젠테이션은
발표자_{프리젠터} 중심이 아니고 청중_{고객} 중심일 때 가능하다.

④ 논리적인 설득을 할 수 있어야 한다

프리젠테이션의 목적은 청중_{고객}을 설득하는 것이다. 설득은
당신이 원하고 기대하는 행동을 상대가 자발적으로 하도록
하는 것이다. 상대가 하는 행동이 자발적인 것이 아니라면 그
들을 설득한 것이 아니고 권력으로 강제 / 강요 또는 명령을

하는 것이다. 하물며 당신이 고객 / 청중들에게 어떻게 강제 /
강요 또는 명령을 할 수 있겠는가?

사람들이 자발적인 행동을 하는 것은 자신이 이해를 하고
그 행동의 결과를 수용할 수 있을 때이다. 당신은 프리젠터로
서 청중고객을 이해시키고 납득시켜 당신이 원하는 행동을 이
끌어 낼 수 있어야 한다. 그리고 당신이 전하는 메시지에 대
해 그들이 확신을 가질 수 있도록 메시지를 만들어야 한다.
또한 설득의 효과를 보장받기 위해 필요하다면 다양한 매체컴
퓨터, 동영상, 음악 등를 적절하게 활용할 수 있어야 한다.

설득은 모든 커뮤니케이션의 목적이다. 따라서 설득을 할
수 있는 능력을 갖는다는 것은 커뮤니케이션을 잘 한다는 것
이다. 이 설득력을 강화하는 데 대해서는 뒤에서 자세히 알아
보도록 한다.

1.2 프리젠테이션의 가치

오늘날의 조직 생활에서 프리젠테이션 능력이 요구되는 것은 그만큼 커뮤니케이션의 기회가 많다는 것이다. 이 기회를 적절하게 잘 활용하여 개인이든 조직이든 원하는 성과를 올려야 한다는 점에서는 너무나 당연하다고 볼 수 있다. 스피드 경영과 조직 내 정보의 원활한 흐름 그리고 시장에서의 고객 및 경쟁사들의 움직임이 효과적으로 조직 내에 전달될 필요성이 있고, 또 새로운 아이디어의 실행 속도가 기업의 경쟁력에 영향을 미치기 때문이다.

또한 시장에서 경쟁사를 뒤로하고 고객이 자사와 비즈니스를 하도록 움직이는 것이야말로 진정한 영업/마케팅 업무를 하는 사람들에게 주어진 사명을 완수하는 것이기 때문이다.

① 프리젠테이션이 필요한 이유

:: 새로운 사업을 모색함에 있어 도움이 된다

비즈니스의 문제해결, 거래처와의 신규 비즈니스 계약체결, 영업의 목적달성, 시장의 요구에 맞는 아이디어의 현실화를 위한 조직의 지원유도 등 기업이 지속적인 성장과 발전의 기회를 잡는 데 도움이 된다.

:: 고객이나 경영진에게 진행 중인 업무의 현황을 보고한다

조직 내 업무의 흐름을 공유하고, 필요한 지원을 이끌어 내는 데 필요하다. 개인적이든 부서 간이든 프리젠테이션은 공식적인 커뮤니케이션의 기회이다. 커뮤니케이션의 목적을 성실하게 달성하는 프리젠테이션은 보다 미래지향적인 업무추진에 힘을 실어 준다.

:: 중요한 의사결정을 위한 정보를 제공한다

당신이 실행하는 프리젠테이션의 대상이 고객이든, 상사든 또는 동료든 프리젠테이션은 중요한 의사결정을 위한 유익한 정보를 공유하는 기회이다. 특히 영업과 마케팅의 경우 고객과 시장에 새로운 제품의 정보를 제공함으로써 조직의 경쟁력을 강화할 수 있다. 물론 시장의 정보를 조직 내부에 전하는 중요한 역할도 한다. 또한 고객들에게 차별화된 솔루션해결책을 제안, 채택하도록 한다.

:: 직원들이 참여하고, 정보를 받고, 과정을 따르게 한다.

현재 진행 중인 업무, 미래 진행 계획인 업무 등 직원들에게 조직의 업무를 이해시키고 각자의 역할과 기여의 내용을 공유함으로써 조직의 방향에 일치시킨다.

:: 동료 간 의사소통을 한다

공식적인 의사소통으로서 프리젠테이션은 업무의 원활한 흐름과 지원 방법 등에 대한 정보를 공유하게 해준다. 특히 비공식적인 관계가 형성되어 있지 않은 동료들과 커뮤니케이션의 기회가 된다.

:: 개인적인 경력을 향상시킨다

자신의 의견, 아이디어, 생각, 정보 등을 효과적으로 전달하는 것은 조직에의 기여도를 올리고, 그 결과 자신의 성과를 올릴 수 있는 기회를 가짐으로써 자신의 가치를 강화할 수 있다. 이를 통해 인정받는 프리젠터가 되는 것이다. 더욱이 고객을 대상으로 성공적인 프리젠테이션을 진행할 수 있다면 그 결과 영업목표의 달성이 이상의 가치는 없을 것이다. 개인의 경력을 좀 더 다양하게, 그리고 가치 있게 만드는 데 큰 도움이 된다.

2 프리젠테이션은 연설과는 다르다

- 연설과 같이 내용을 완전하게 작성하여 한마디 한마디 전달하기보다는 거의 대부분이 즉흥적으로 - 개요 형식으로 준비하고 보조기구나 노트를 이용하여 전달하는 - 주어진다.
- 종종 시각 보조자료를 활용한다. 많은 공식적인 연설은 그렇지 않다.
- 대단히 참여적 - 질문을 하고, 대화에 관계하는 - 인 청중고객 앞에서 자주 주어진다. 대부분의 연설에서 청중고객은 경청하고 형편에 따라 나중에 질문한다.
- 연설과는 달리 상대적으로 짧은 시간에 핵심메시지를 전해서 청중고객을 움직여야 한다. 연설은 감동을 주는 것으로 끝나도 되지만 프리젠테이션은 감동에 더해서 청중/고객이 자신이 원하는 행동을 하도록 설득하는 것이다.

1.3 프리젠테이션의 위치

      고객과 **만나**는 영업사원에게 업무 중 발생하는 프리젠테이션이나 조직 내에서 진행하는 프리젠테이션은 회사의 발전, 고객의 문제해결과 욕구니즈 충족 그리고 자신의 능력과 경력을 개발하고 자신의 능력을 검증할 수 있는 위치에 있다.

  특히 영업활동을 하는 과정에서 발생되는 프리젠테이션은 영업의 성공을 가늠할 수 있는 중요한 영업의 단계이자 고객을 1:1이 아닌 다수의 고객, 구매 관계자들의 마음을 움직일 수 있는 좋은 기회가 된다.

:: 업무 프로세스에서 프리젠테이션의 위치

  업무영업를 추진하는 과정에서 프리젠테이션은 영업의 초기, 중간, 그리고 마지막 단계에서 요청고객이 영업사원 / 회사에되거나 요구영업사원 / 회사가 고객에게를 한다. 따라서 각 단계의 목적에 맞는 프리젠테이션이 되어야 한다. 영업과정의 프리젠테이션의 궁극적인 목적은 고객을 설득하는 것이다. 하지만 영업의 단계에 따라서 프리젠터가 집중적으로 강조해야 하는 포인트가 다를 수 있다. 이는 프리젠테이션 참가자들을 잘 분석함으로써 알 수 있다. 영업의 마지막 단계인 경우 의사결정권자가 참석할 가능성이 높으므로 이것에 포인트를 두어야 할 것이고, 영업 중간이나 초기에는 실무자가 참석할 가능성이 높으므로 이 상황에 맞는 프리젠테이션을 하여야 할 것이다.

:: 성과달성의 위치

영업활동을 하는 과정에서 프리젠테이션은 회사의 솔루션 능력기술적, 인적을 고객사의 다수 참석자들에게 논리적이고 설득력 있게 제시하는 것이므로 영업목표 달성에서 중요한 위치를 차지한다.

:: 내부 조직 내의 위치

고객의 요구사항과 시장의 변화 등에 대한 정보를 조직 내 관련부서와 관련자들에게 전달함으로써 조직의 대외적인 대응능력을 강화하는 데 기여한다.

1.4 프리젠테이션 성공요소

① 성공적인 프리젠테이션 15요소

1) 준비태세를 갖추고 철저히 준비하라

프리젠테이션을 실패로 만드는 것은 무엇인가? 그 첫 번째 요인은 준비 부족이다. 당신은 계획된 프리젠테이션을 위해 얼마나 철저히 준비하는가? 준비에는 프리젠테이션을 하는 목적, 프리젠테이션 참석자들의 특성과 욕구, 청중고객을 설득할 내용 / 정보의 수집 및 분석과 논리적인 가공, 프리젠테이션 매체의 선택, 프리젠테이션 유형, 장소, 시간, 시각자료의 준비 그리고 가장 중요한 것인 사전연습이 있다. 제대로 된 준비는 계획의 수립 - 아젠더 작성 - 에서부터 시작된다.

2) 당신이 전하는 메시지가 중요하고 가치 있다는 신념을 가져라

당신이 전하는 메시지에 대해 중요하다는 확신을 가져야 한다. 자신의 메시지에 대한 확신이 없이는 열정적인 프리젠테이션을 할 수 없고, 따라서 참석자들의 흥미와 집중을 끌어 낼 수 없을 것이고 그 결과 설득이 어려울 것이다. "우리는 이 세상의 어떤 위대한 것도 열정 없이 이루어진 것은 없다 고 절대적으로 확신할 수 있다."라고 프리드리히 헤겔은 말했 다. 중요성과 신념은 프리젠터의 모든 행동, 단어, 제스처를 통해 청중고객이 알게 된다.

3) 당신의 목적을 분명히 하라

프리젠테이션을 준비하거나 실시를 할 때 당신은 자신의 프리젠테이션 목적을 잊어서는 안 된다. 정보공유든, 설득이 든, 보고든, 고객을 설득하기 위한 솔루션 제시든 모든 프리 젠테이션에는 달성해야 하는 목적이 있다. 이러한 목적을 달 성하지 못하는 프리젠테이션은 발표자나 참석자들에게 실망 만을 안겨 줄 것이다. '이 프리젠테이션에서 내가 무엇을 원 하는가? 내가 추구하는 목적이 타당성이 있고 적절한가? 내가 가진 목적을 달성하고 있는가?'라는 질문을 통해 프리젠테이 션의 목적에서 벗어나지 않도록 해야 한다.

4) 기본적인 메시지와 요점을 일치시켜라

당신이 하는 프리젠테이션의 목적과 그 목적을 지원하는 요점들 사이에는 일치성이 있어야 한다. 사람들은 논리적이고 체계적인 설득에 호감을 갖는다. 아무리 많은 시간 발표를 한 다고 하더라도 목적과 요점들이 일치성이 없다면 발표자나 청중고객 모두 이해하는 데 어려움이 있을 것이다.

5) 청중(고객)을 분석하고 이해하라

그들의 관심사에 대해 이야기하라. 프리젠테이션에 참석한 청중고객은 '이것이 나에게 무슨 소용이 있을 것인가?'라는 의문을 갖는다. 따라서 청중고객의 우선적인 필요성과 욕구를 안다는 것은 프리젠테이션의 목적을 훨씬 쉽게 달성하고, 청중고객의 집중력을 유지하는 비결이다. 그리고 청중고객을 분석한다는 것은 그들의 언어로 이야기를 해서 이해도를 올리고 그들이 얻을 수 있는 이익을 강조함으로써 당신의 프리젠테이션 목적을 달성하기 위한 가장 중요한 준비가 될 것이다.

6) 중요한 요점을 이야기하면서 시작하라

당신에게 주어진 프리젠테이션의 시간은 충분하지 않다. 대부분의 경우 20분 정도의 시간이 주어진다. 그리고 청중고객은 당신이 준비한 메시지에 집중을 하겠다는 생각과 자신들이 가진 문제나 고민 그리고 욕구를 해결할 수 있는 최적의 방법을 얻고자 하는 마음을 갖고 있다. 또한 그들은 매우 바쁜 사람들이기 때문에 중요한 요점을 먼저 듣기를 원한다. 당신이 프리젠테이션을 할 때 처음부터 중요한 요점청중(고객)이 얻는 이익 중심으로을 언급해서 그들의 집중력을 끌어내고 유지시켜야 한다. 시작이 잘못되면 그 결과도 잘못될 가능성이 높다. 요점을 명확하게 언급함으로써 청중고객에게 당신의 발표에 그들이 흥미를 갖고 집중하도록 하라.

7) 확실하고 명료한 자료를 통해 청중(고객)의 집중을 끌어내라

'어떤 내용이 내게우리 회사에 도움이 되지?', '프리젠터의 목적이 뭐야?', '제시한 해결책에 어떻게 확신을 할 수 있지?' 등은 프리젠테이션을 듣고 의사결정을 해야 하는 사람들이 가질 수 있는 의문이다. 프리젠터는 적절한 사례와 보충자료로서, 의사결정권자의 이러한 의심을 해소하고 그들의 관심을 사로잡아야 한다. 프리젠터가 자신이 발표하는 내용에 대해 확신이 떨어지고 주저한다면, 청중고객의 집중을 끌어낼 수 없을 것이고, 자신이 원하는 성과를 얻을 수 없을 것이다. 프리젠터는 자신이 전하는 메시지를 보완하고 강화할 수 있는 적절하고 타당한 보완자료를 충분히 준비해야 한다. 필자의 경험으로도 개인적이며 관련 있는 경험, 전문가의 증언, 사례, 통계 등의 자료가 프리젠터의 신뢰성을 강화하고 자신감을 가질 수 있는 훌륭한 방법임을 확인할 수 있었다.

8) 시각자료를 읽기 쉽고 이해하기 쉽도록 만들어라

프리젠터의 자신감 있고 확신에 찬 발표가 때때로 너무 복잡하거나 이해하기 어려운 시각자료로 인해 엉망이 되어서는 안 된다. 전하고 싶은 내용이 너무 많을 경우, 핵심이 정확하지 않은 경우 프리젠터는 시각자료에 의존하게 되고 지나치게 신경을 쓰다 보면 시각자료가 난해해지기도 한다. 내가 아

는 중소기업이 코스닥에 등록하기 위한 발표자료를 준비하면
서 너무나 많고 복잡한 시각자료로 프리젠테이션을 준비하는
것을 보았다. 물론 나의 조언으로 고치기는 했지만……. 시각
자료는 프리젠터의 발표를 보완해 주는 자료이다. 물론 시각
자료를 정확하고 자세하게 만드는 것도 중요한 프리젠테이션
능력이다. 따라서 정해진 시간에 청중고객에게 정확한 발표를
하기 위해서는 시각자료를 만들 때 주의를 기울여야 한다.

9) 정리하면서 세부사항에 신경을 써라

프리젠터가 가지는 어려움 중 하나는 발표를 마무리할 때
이다. 결론을 내릴 시점이 다가오면 프리젠터도 청중고객도 다
소 긴장감이 떨어진다. 이때 프리젠터가 저지르는 실수가 서
둘러서 발표를 마치는 것이다. 청중고객의 입장에서는 발표를
듣는 동안 주의해서 핵심을 경청하겠지만 발표가 끝날 시점
에는 그 메시지가 희미해져 있을 수 있다. 이때 프리젠터가
여유를 가지고 프리젠테이션의 목적과 청중고객이 얻는 이익
을 자세히 다시 한 번 강조해 줌으로써, 청중고객의 기억을 상
기시켜 줄 수 있다. 절대로 서둘러서 결론을 내리지 말라. 더
욱 좋은 방법은 프리젠테이션을 하는 중간 중간 요지를 바꾸
거나 다른 메시지를 전할 때 항상 앞의 핵심을 강조하는 중
간 요약을 활용하라.

10) 연습을 하라

누구나 연습을 하지 않고 무엇이든 익숙해질 수는 없다. 특히 청중고객 앞에서 발표를 하는 프리젠테이션의 경우 더욱 연습이 필요하다. 숙련된 프리젠터의 경우에도 충분한 연습을 한후 청중고객 앞에 선다. 연습이 많으면 많을수록 자신감과 확신을 갖고 프리젠테이션을 할 수 있다. 실제상황처럼 준비를 하고 연습을 하라. 그리고 머릿속으로 성공적인 프리젠테이션을 하는 자신의 모습을 상상하라. 프리젠테이션을 하는 동안 일어날 다양한 상황특히 청중(고객)의 질문을 효과적으로 극복하기 위해서는 충분한 연습이 절대적으로 요구된다. 연습을 통해서 자신의 프리젠테이션 기술을 끊임없이 단련하도록 하라. 충분하고 반복된 연습만이 완벽함을 만드는 것을 잊지 말라.

11) 발표를 연기처럼 하라

청중고객의 관심을 지속적으로 끌어라. 너무 딱딱한 프리젠테이션은 청중고객을 긴장하게 만들어 오히려 집중력을 떨어뜨리기도 한다. 반면 너무 재미 위주의 프리젠테이션은 청중고객의 마음을 느슨하게 만들어 프리젠터의 메시지를 제대로 받아들이지 않을 수도 있다. 적절한 긴장감을 조성하는 것이 좋다. 그리고 프리젠터는 발표를 편안하게 이야기하듯이 하는 것이 좋다. 지나친 연기보다는 준비된 자연스러운 연기를 하도록 하라. 사람들은 지식의 습득과 기억은 논리적인 구성에 따르지만 설득을 당하는 것은 감성적인 부분이다. 프리젠터는 자신의 발표를 자연스레 진행하면서 청중고객의 감성을 자극할 수 있어야 한다. 그 방법이 적절한 연기이다.

12) 융통성을 가져라, 상황에 따라 발표를 조정하라

대부분의 프리젠테이션은 계획되고 예정된 대로 진행된다. 그렇지만 가끔은 예상하지 못한 상황이 전개되기도 한다. 참석자 수가 5 - 6명에서 10여 명으로 증가하거나, 프리젠테이션 시간이 30분에서 20분으로 줄어들거나, 예상하지 않은 고위직의 사람이 참석을 하는 경우와, 반대로 참석하기로 되어 있던 의사결정권자의 불참 등의 상황이 발생하기도 한다. 프리젠터는 이러한 상황변화에 유연하게 대처할 수 있어야 한다. 경험이 많은 프리젠터는 예기치 못한 상황을 잘 예상해서 적절한 준비를 한다. 경험이 부족한 프리젠터의 경우 변경된 상황에 긴장감과 스트레스를 받을 수도 있다.

13) 질문에 효과적으로 대응하라

프리젠터가 준비된 발표를 마치고 마지막 마무리를 한다. 이때 청중고객 중 한 사람이 손을 들고 질문을 한다. 다행히 그 질문이 프리젠터가 충분히 대답을 할 수 있는 내용이라면 프리센테이션의 목적을 달성하는 데 도움이 된다. 그런데 프리젠터는 청중고객의 질문이 두려워 질의응답할 시간을 충분이 갖지 않는다. 즉 청중고객에게 질문을 할 시간적인 여유를 주지 않는 것은 프리젠터에게나 청중고객에게 부정적인 영향을 줄 수도 있다. 프리젠터는 항상 질문을 받고 대답을 할 시간적인 여유를 가져야 한다. 만일 30분의 프리젠테이션이라면 25분 정도에 프리젠테이션을 마치고, 질문을 유도하라. 이는 청중고객에게 프리젠터가 준비되어 있음을 보여 주는 것이다. 또한 청중고객의 질문을 처리하면서 당신이 훌륭한 경청자임을 보여 주도록 하라. 그리고 이때 청중고객의 질문이 없다면 그 5분의 시간을 다시 중요한 요점과 이익을 반복해서 강조하는 시간으로 활용하도록 하라. 청중고객이 프리젠터에게 30분의 시간을 주었음을 기억하라. 청중고객이 준 시간을 굳이 줄여서 사용할 필요는 없다. 물론 30분 이상의 시간을 소비해서도 안 된다.

14) 당신의 목표를 잊지 말고 과정을 즐겨라

프리젠테이션을 사람들과 주고받는 자연스러운 대화로 생각하라. 단 프리젠터가 자리에 일어서서 주어진 시간 동안 혼자의 의견이나 아이디어를 이야기하는 것으로 생각하라. 따라서 참석한 사람들과 대화하는 것을 즐겨라. 특히 참석자들이 분명한 욕구와 니즈를 갖고 있고, 당신의 메시지가 그들의 욕구와 니즈를 채워 줄 수 있다면 충분히 그 과정을 즐길 수 있을 것이다.

15) 당신은 지금 누군가를 무엇으로 설득하고 있음을 기억하라

프리젠테이션의 목적이 무엇이든판매, 프로젝트 설명, 보고, 정보공유

제1장_ 프리젠테이션의 이해 종요

등 프리젠터는 참석자들을 설득하기 위해 프리젠테이션을 한다. 이 목적 달성을 위해 당신의 커뮤니케이션 능력, 자료준비 능력, 설득력, 자신감, 전문가로서의 능력 등을 총동원하도록 하라.

② 프리젠테이션의 3요소

1) 메시지

프리젠테이션의 내용으로 청중고객이 기대하는 내용이어야 하며, 프리젠터가 잘 알고 있는 내용이어야 한다. 메시지는 청중고객에게도 중요하지만 프리젠터에게도 매우 중요하다. 프리젠터가 모르거나 이해도가 부족한 내용을 전달할 수는 없기 때문이다. 메시지에 따라 다양한 시각자료가 만들어진다.

2) 청중(고객)

프리젠테이션의 목적을 달성하기 위해 프리젠터가 반드시 행동하게 만들어야 하는 대상들이다. 청중고객은 같은 조직 내의 사람일 수도 있고 외부 조직의 사람일 수도 있다. 중요한 것은 청중고객을 움직이지 못하고서는 어떠한 프리젠테이션도 의미가 없다는 것이다.

이들은 스스로 원해서 프리젠테이션에 참석하기도 하지만 프리젠터의 요구영업, 비즈니스 등에 의해 모인 사람들이다. 따라서 이들이 요구하는 내용을 명확하게 전달하는 것이 프리젠터의 목적이 될 수 있다.

이들은 결코 호감을 가진 사람들만이 참석하는 것이 아니다. 때로는 적대적인 감정을 갖고 참석하기도 하고, 평가를 위해 참석을 하기도 한다. 이들을 자세히 파악하지 못하고 이해를 하지 못한 상태에서의 프리젠테이션은 결코 바람직한 결론을 내리지 못할 것이다. 또한 이들이 가진 관심사항과 프리젠터가 가진 관심사항이 항상 일치하는 것은 아니다. 따라서 프리젠터는 참석한 청중고객의 관심사항을 자세히 파악해야 한다. 또한 청중고객이 가진 지식이나 경험, 사전지식 등이 프리젠터와 일치하지 않는다는 것도 이해하여야 한다. 그렇기 때문에 프리젠터는 청중고객이 가진 선입관이나 지식, 경험들을 자세하게 파악하고, 청중고객이 이해하기 쉬운 용어로 프리젠테이션을 진행해야 한다.

3) 프리젠터

프리젠테이션을 준비하고 메시지를 가공하며 청중고객을 설득하기 위해 프리젠테이션 장소에서 발표를 하는 사람을 말한다. 프리젠터의 자세, 태도, 이미지 등등은 프리젠테이션의 결과에 많은 영향을 미친다.

　프리젠터는 청중고객 앞에서 정해진 시간 내에 주어진 목표를 달성하기 위해 메시지를 가공, 전달하는 발표자이다. 프리젠테이션의 성공 여부를 결정짓는 중요한 요소 중 하나이다. 비즈니스와 관련된 프리젠테이션을 하는 경우 프리젠터는 자신이 속해 있는 조직을 대표한다. 대부분의 비즈니스 프리젠테이션의 경우 프리젠터는 청중고객의 요청 또는 소속회사의 요청에 의해 모인 청중고객 앞에서 자신의 회사가 가진 장점과 솔루션을 청중고객이 가진 문제와 과제에 얼마나 효과적으로 적용이 가능하고 그 결과인 기대 이익이 무엇인지를 설명하고 청중고객을 설득하는 것이다. 따라서 준비되고 유능한 프리젠터는 회사의 비즈니스 성과를 올리고 경쟁력을 강화할 수 있는 좋은 이미지를 청중고객에게 줄 수 있다.

　위의 3가지는 프리젠테이션의 핵심요소이다. 앞으로 각 요소들에 대해 자세하게 알아보도록 한다. 프리젠테이션의 왕도는 없다. 왜냐하면 목적과 대상청중(고객) 그리고 상황, 프리젠터의 능력과 스타일, 사용하는 매체의 종류 등이 다양하기 때문이다. 하지만 프리젠테이션을 성공적으로 수행할 수 있는 기본적인 방법, 즉 정도는 있다. 그 정도에 대해서 함께 알아가고, 실천과 연습을 통해 자신의 것으로 완성하는 기회로 삼기를 바란다.

③ 프리젠테이션의 3요소 결합

1) 청중(고객) – 메시지 > 프리젠터

이는 청중고객에게 이해하기 쉽고 설득력 있는 메시지를 준비하고, 청중고객이 원하는 것이 무엇인지 파악을 잘 하였다. 하지만 프리젠테이션을 하는 프리젠터의 준비가 미비한 상태이다. 이러한 경우 프리젠테이션이 목적을 달성하기는 어렵다. 청중고객은 프리젠터가 보여 주는 시각자료를 통해서 지식의 습득은 가능하지만 그들이 설득을 당하는 데는 감성적인 부분이 결정을 한다. 그리고 청중고객의 감성을 자극하는 것은 프리젠터가 보여 주는 능력언어, 비언어적 메시지, 태도, 자세, 전문성 등이 결정적인 요소이다. 아무리 준비가 잘된 프리젠테이션이라 하더라도 프리젠터의 지나친 긴장, 서툰 커뮤니케이션 능력, 두려움 등이 청중고객에게 보인다면 프리젠테이션의 목적을 달성하기 어려울 것이다.

2) 메시지 – 프리젠터 > 청중(고객)

프리젠테이션을 하는 프리젠터는 전문가적인 능력을 갖고 있고, 경험이 많다. 그리고 프리젠테이션의 목적을 달성하기 위해 준비한 메시지 또한 논리적이고 설득력이 있으며 프리젠터는 그 내용에 대한 전문가이다. 그런데 그 메시지는 청중고객을 고려하지 않은 메시지이다. 즉 청중고객이 원하는 욕구와 니즈를 채워 줄 수 없거나, 설령 채워 줄 수는 있지만 청중고객이 이해하기 어려운 용어나 전문기술들의 나열이다. 이때 프리젠터는 자신감을 갖고 자신이 준비한 메시지를 전달할 수는 있겠지만 곧 청중고객의 관심은 다른 데로 쏠리거나, 중간 중간 질문이 나오거나, 프리젠테이션을 마친 후에도 반복된 질문이 나오며, 결국 그들은 결정하기를 미루게 된다.

3) 청중(고객) – 프리젠터 > 메시지

청중고객은 프리젠터를 잘 알고 개인적인 친분이 있다. 프리젠터 또한 마찬가지이다. 그런데 프리젠테이션의 메시지에 대해서는 아니다. 즉 프리젠터는 자신의 프리젠테이션의 목적과 그 목적을 달성할 메시지에 대한 확신이 없거나 정확한 지식이 없거나 부족하다. 그리고 그 메시지가 청중고객의 욕구를 채워 줄 수 있을지에 대해서도 의문을 갖고 있다. 청중고객 또한 프리젠터가 전하는 메시지를 잘 이해할 수 없거나, 자신들이 원하는 요구를 채워 줄 것이라는 데 확신을 가질 수 없다. 그런데 프리젠테이션의 분위기는 좋다. 어려운 질문도 없고, 중간 중간 프리젠터와 청중고객 간에 유머가 오가면서 즐겁게 진행이 된다. 때로는 정해진 시간을 훌쩍 뛰어넘어 긴 시간 동안 발표와 대화를 한다. 그런데 그 결과는……

청중고객은 프리젠터를 고려하지 않는다. 그들은 자신들이 가진 문제나 욕구에만 관심이 있다. 그리고 프리젠테이션 내용이 그들에게 얼마나 유익한 것인가에 대한 명확한 답을 원한다. 따라서 프리젠터가 효과적인 방법으로 노력을 한다면 청중고객의 관심과 문제 그리고 욕구가 무엇인지를 정확하게 파악할 수 있다. 그 다음 청중고객의 스타일을 분석하고 자신이 가진 솔루션을 자신의 입장에서가 아니라 청중고객의 입장에서 논리적이고, 이해하기 쉬우며, 설득력 있게 준비를 하고, 연습을 통해 자신감을 개발하여야 한다. 특히 청중고객에 대한 이해도가 많을수록 효과적인 프리젠테이션이 가능할 것이다.

제2장
Best 프리젠터 되기

2.1 프리젠터의 역할

당신은 투자 분석가이다. 당신은 투자 상담자들과 회계사들 앞에서 프리젠테이션을 할 예정이다. 성공한다면 당신은 매우 많은 돈을 벌게 된다. 하지만 실패한다면 동료들과 고객들은 당신이 무능하다고 소문을 낼 것이고, 이로 인해 당신은 재정적인 위기에 빠질 것이다. 당신은 몇 주 동안 프리젠테이션을 걱정했다. 당신은 발표 시 사용할 슬라이드의 순서를 정하고 어떤 옷을 입을 것인가를 걱정했다. 프리젠테이션 4일 전부터 잠도 제대로 잘 수 없었다. 드디어 프리젠테이션을 시작했을 때, 시작은 좋았지만 세 번째 슬라이드에서 순서를 잊어버렸다. 당신이 여러 번 잘못된 슬라이드를 보여 주자 청중(고객)은 웃기 시작했다. 당신은 초조하고 당황하여 말실수를 하였다. 프리젠테이션은 청중(고객)의 질문에 의해 여러 번 중단되었고, 또다시 발표의 맥을 놓쳤다. 발표를 하면 할수록 당신은 점점 불안해졌다.

-출처: 『스피치 기술』(커뮤니케이션북스), 편역-

프리젠터발표자는 프리젠테이션의 핵심적인 역할을 하는 중요한 요소이다. 청중고객은 프리젠터가 준비한 자료, 메시지를 통해 프리젠테이션의 내용과 목적을 파악하지만 프리젠터의 태도와 자신감, 표정, 제스처, 용어 등을 통해서 내용과 목적의 가치를 더욱 확신하거나 불안해할 수도 있다. 즉 시각자료, 매체, 동영상 등은 이성적인 자극이지만 프리젠터의 태도, 자세, 표정, 억양 등등의 메시지는 청중고객의 감성을 자극하는 것이다. 청중고객을 설득하고 움직이게 하는 감성적인 자극이 이성적인 자극만큼 중요하다는 것을 알아야 한다.

여기서는 청중고객이 원하는 프리젠터의 모습, 프리젠터가 저지르는 실수와 대응방법, 프리젠터의 두려움 극복과 자신감 개발, 프리젠터의 바람직한 태도와 자세를 기르는 방법을 알아보도록 한다.

① 프리젠터에게 영향을 미치는 요소들

프리젠터가 청중고객 앞에서 자신이 준비한 메시지를 전달할 때, 프리젠테이션의 성공적인 수행에 영향을 미치는 몇 가지의 요소가 있다. 거기에는 청중고객의 규모와 특징, 장소, 환경, 메시지, 청중고객과 프리젠터의 목표, 주어진 시간, 경쟁자 수, 프리젠터의 준비상태, 활용하는 매체 등이 프리젠터의 프리젠테이션 성공 여부에 큰 영향을 미친다.

:: 청중(고객)의 규모와 특성과 성격

프리젠터는 자신의 발표를 듣는 청중고객의 규모에 큰 영향을 받는다. 소규모의 청중고객이라면 좀 더 자신감을 갖고 프리

제2장_Best 프리젠터 되기

47

젠테이션을 하던 사람도 청중고객의 규모가 많아지면 긴장을 하
거나 압박감을 받아서 발표를 망치는 경우가 있다. 물론 드물
지만 반대의 경우도 있을 것이다. 또 하나 프리젠터에게 영향
을 주는 것은 참석한 청중고객의 특성과 성격이다. 청중고객이
지식을 많이 갖춘 사람인지, 발표내용에 대해 전문가인지, 나
이가 많은 사람들인지, 남성과 여성의 구성, 평소 프리젠터와
의 관계 등이 프리젠터에게는 큰 영향을 미치기도 한다. 따라
서 프리젠터는 프리젠테이션에 참석하는 청중고객의 규모, 지식
수준, 남녀구성, 나이, 학력, 조직이라면 직위, 발표하는 내용에
대한 지식수준, 프리젠터와 자신의 조직에 대한 청중고객의 생
각과 감정 등 청중고객에 대한 지식을 많이 수집해야 한다.

:: 장소, 환경

조용하고 모든 장비와 재료가 잘 준비되어 있으며, 주변에
서 프리젠테이션과 청중고객의 집중력을 방해하는 요소가 차
단된 장소인가? 아니면 소리가 울리고 장비도 제대로 갖추어
져 있지 않으며, 소음으로 집중력을 떨어뜨리는 장소인가에
따라서 프리젠테이션의 성과달성에 큰 영향을 준다. 프리젠터
는 사전에 자신이 발표할 장소에 대한 정보를 수집하고 가능
하면 미리 장소를 확인하는 노력이 필요하다. 사전에 확인이
어렵다면 발표시간보다 1시간 정도 일찍 도착하여 장소, 장비
등을 확인해야 한다.

:: 메시지

프리젠터가 전달하는 메시지에 대한 정확하고 논리적인 지식을 갖고 있는가, 아니면 발표내용에 대하여 잘 모르고 있는가에 대한 확신의 정도는 프리젠테이션의 성공을 좌우하는 또 하나의 중요한 요소이다. 메시지에 대한 자신이 있는 프리젠터는 좀 더 당당하고 설득력 있게 메시지를 전달하겠지만 그렇지 않을 경우에는 프리젠테이션이 힘없는 것이 될 수도 있다. 또한 청중고객이 프리젠터보다 메시지에 대해 더 전문가라면 프리젠터는 자신의 메시지에 대한 준비를 더욱 철저히 해야 할 것이다. 프리젠터는 발표의 내용을 자신의 것으로 만들어야 한다. 발표내용에만 국한하지 말고 발표내용과 관련된 지식도 습득을 하면 더욱 좋을 것이다. 그리고 자신의 메시지를 논리적으로 설득력 있게 만들어야 한다. 그 방법에 대해서는 뒤에서 자세히 알아보도록 한다.

:: 청중(고객)과 프리젠터의 목표

프리젠테이션을 진행하는 프리젠터와 메시지를 듣는 청중고객은 서로가 목표를 갖고 있다. 따라서 프리젠터는 자신의 목표를 아는 것만큼 청중고객이 가진 목표를 아는 것이 중요하다. 어떠한 경우든 프리젠터는 청중고객을 설득해야 한다. 그렇게 하기 위해서는 자신의 목표를 수립하고 그 목표가 청중고객이 가진 목표와 어떠한 관련성이 있는지, 있다면 그것을 어떻게 강조할 것인지 준비하여야 한다. 반면 프리젠터의 목표와 청중_{고객}의 목표가 다를 경우_{이런 경우는 드물지만}에는 가급적 청중_{고객}의 목표에 맞춘 프리젠테이션이 되어야 한다. 프리젠테이션에 참가하는 청중_{고객}이 가진 목표와 니즈를 파악하라. 청중_{고객}은 자신들의 욕구가 채워져야 설득을 당한다. 프리젠터의 목표가 아무리 명확하더라도 그것에 청중_{고객}은 움직이지 않는다는 것을 명심하라. 어떻게 청중_{고객}을 파악하고 그들을 설득할 것인가에 대해서는 뒤에서 좀 더 자세히 알아보도록 한다.

:: 주어진 시간

일반적으로 프리젠테이션에 주어지는 시간은 제한되어 있다. 특히 비즈니스를 목적으로 한 프리젠테이션의 경우 20분 내외가 대부분이다. 프리젠터는 자신에게 주어진 시간을 잘 지켜야 한다. 너무 일찍 끝내거나 너무 많은 준비로 정해진 시간을 넘기는 일이 있어서는 안 된다. 자신에게 주어진 시간을 최대한 활용하도록 해야 한다. 만일 20분이라는 시간이 주어졌다면 도입과 서론: 1 - 2분, 본론: 14 - 16분, 결론과 질의응답: 3 - 4분으로 발표와 시간을 구성하는 것이 좋을 것이다. 얼마나 많은 시간이 주어졌는가도 중요하지만 더욱 중요한 것은 주어진 시간을 효과적으로 활용해서 청중_{고객}을 설득하는 것이다. 그리고 중요한 질문이 나와서 대답을 해야 하는데 주어진 시간을 넘길 경우에는 청중_{고객}에게 허락을 받으

면 된다.매우 중요한 질문이 나왔습니다. 이 질문에 답을 하기 위해서는 제게 주어

진 시간을 초과할 것 같은데……. 허락을 해 주신다면 자세한 답변을……. 질의응

답 시간을 준비함으로써 청중고객이 얼마나 발표내용을 이해

하였는지 알 수 있을 뿐 아니라 프리젠터가 준비되어 있음을

보여 줄 수 있다. 만일 질의응답 시간에 청중고객의 질문이 없

을 경우 그냥 마무리를 하지 말고 그 시간을 프리젠테이션의

중요한 내용을 다시 한 번 강조하는 기회로 활용하는 것이

좋다.

:: 경쟁자 수

비즈니스 관련 프리젠테이션의 경우 대부분 경쟁자들이 있

게 된다. 청중고객의 입장에서는 최선의 선택을 위해서, 더 많

은 정보를 얻기 위해서 경쟁하는 상황을 만들기도 한다. 경쟁

자가 누구인지는 알 수 있어도 그들의 발표를 듣지는 못하는

경우가 많다. 프리젠터는 경쟁자에 대해 자세한 정보를 수집

하고 분석을 하는 데 노력을 기울여야 한다. 그래야만 경쟁자

들보다 설득력 있는 프리젠테이션이 가능할 것이다.

:: 프리젠터

프리젠테이션을 하는 프리젠터는 준비된 전문가라는 인상

을 주어야 한다. 청중고객은 프리젠터의 말뿐만 아니라 얼굴

표정, 제스처의 과감성과 내용, 자세, 시선, 메시지에 대한 이

해 정도, 매체의 효과적인 사용능력 등 다양한 각도로 프리젠

터를 판단하고 메시지의 내용을 평가한다. 자신감과 전문성을 갖춘 준비된 프리젠터라는 것을 청중_{고객}에게 보여 주어야 한다. 설득력 있는 프리젠터가 되는 방법에 대해서는 이후에 자세히 알아보기로 한다.

:: 활용하는 매체

프리젠터는 프리젠테이션을 수행하면서 활용하게 되는 매체에 대해 잘 알고 있어야 하고 활용하는 기술에 익숙해야 한다. 매체의 종류와 활용도, 장단점에 대해서는 뒤에서 자세히 알아보도록 한다.

2.2 프리젠터의 스타일

프리젠터가 효과적인 프리젠테이션을 하기 위해서는 자신의 장점과 단점을 아는 것이 중요하다. 자신이 가진 장점은 프리젠테이션의 목표달성에 도움이 되기는 하지만 때로는 장점의 지나친 강조가 오히려 부정적인 영향을 미칠 수도 있다. 반대로 단점을 지나치게 의식하면 프리젠테이션의 진행에 부정적인 영향을 끼칠 수 있다. 그러한 단점을 보완하려는 노력이 오히려 훌륭한 프리젠테이션을 가능하게 할 수도 있다. 다음의 진단지를 읽고 자신을 잘 나타내는 것에 체크를 하기 바란다.

1) 나는 프리젠테이션 중에 주제에서 벗어나 샛길로 접어들 때도 있다.
   R. - 그렇다.　　　B. - 보통이다.　　　G. - 그렇지 않다.

2) 나는 열정적으로 프리젠테이션을 한다는 인상을 준다.
   R. - 그렇다.　　　B. - 보통이다.　　　G. - 그렇지 않다.

3) 나는 시청각 자료를 사용할 때 변화와 다양성을 제공하는 편이다.

R. - 그렇다.　　　B. - 보통이다.　　　G. - 그렇지 않다.

4) 나는 프리젠테이션 시간을 엄수하는 편이다.

R. - 그렇다.　　　B. - 보통이다.　　　G. - 그렇지 않다.

5) 나는 프리젠테이션을 할 때 구체적인 자료_{사실, 통계, 수치 등}를 자주 인용하는 편이다.

R. - 그렇다.　　　B. - 보통이다.　　　G. - 그렇지 않다.

6) 나는 시청각 자료를 단순하고 간략하게 준비하는 편이다.

R. - 그렇다.　　　B. - 보통이다.　　　G. - 그렇지 않다.

7) 나는 원고를 읽는 식의 프리젠테이션을 많이 하는 편이다.

R. - 그렇다.　　　B. - 보통이다.　　　G. - 그렇지 않다.

8) 나는 상황에 즉흥적으로 대처를 잘 하는 편이다.

R. - 그렇다.　　　B. - 보통이다.　　　G. - 그렇지 않다.

9) 나는 화려한 차트나 그래프보다는 결과를 요약한 텍스트를 보여 주는 편이다.

R. - 그렇다.　　　B. - 보통이다.　　　G. - 그렇지 않다.

10) 나는 조심스럽게 프리젠테이션을 한다는 인상을 주는 편이다.

R. - 그렇다.　　　B. - 보통이다.　　　G. - 그렇지 않다.

11) 나는 프리젠테이션 도중 목소리가 격앙되는 경우가 있다.

R. - 그렇다.　　　B. - 보통이다.　　　G. - 그렇지 않다.

12) 나는 창의적이고 흥미 있게 말하는 편이다.

   R. - 그렇다.   B. - 보통이다.   G. - 그렇지 않다.

13) 나는 프리젠테이션을 하는 동안 청중고객이 지루해하고 있다는 느낌
을 받은 적이 있다.

   R. - 그렇다.   B. - 보통이다.   G. - 그렇지 않다.

14) 나의 프리젠테이션은 청중고객을 설득하고 매료시키는 힘이 있는
것 같다.

   R. - 그렇다.   B. - 보통이다.   G. - 그렇지 않다.

15) 나는 예리하다는 평을 받은 적이 있다.

   R. - 그렇다.   B. - 보통이다.   G. - 그렇지 않다.

16) 나는 분석적인 사람이라는 평을 받은 적이 있다.

   R. - 그렇다.   B. - 보통이다.   G. - 그렇지 않다.

다음 중 본인의 프리젠테이션 특징이라고 생각하는 것은?

17) R. - 비체계적   B. - 체계적   G. - 애매함

18) R. - 감성적   B. - 이성적   G. - 중립적

19) R. - 창의적   B. - 논리적   G. - 유동적

20) R. - 폭발적   B. - 자제적   G. - 타협적

21) R. - 혁신적   B. - 실용적   G. - 전통적

결 과   R: (   )개   B: (   )개   G: (   )개

:: R형 – 감정형

R형에 가장 높은 점수를 받은 당신은 매우 정열적으로 프리젠테이션을 하는 성향이 있어 감정적으로 청중_{고객}을 흥분시키는 데에는 아주 뛰어난 장점을 갖고 있다. 대담하고 카리스마적이라는 평을 받기도 한다. 매우 인상적이고 훌륭한 프리젠터라는 평을 받기도 하지만 프리젠테이션이 끝난 후에 청중_{고객}은 당신으로부터 들은 내용을 잘 기억하지 못할 수도 있다. 그리고 매우 정열적으로 프리젠테이션을 하기 때문에 감정적으로 흐를 수 있는 성향을 가지고 있으며, 주제에서 빗나가 샛길로 접어들기도 하여 논리적이고 합리적인 청중_{고객}에게는 좋은 평을 받지 못할 수도 있다. 당신의 약점을 보완하기 위해서는 프리젠테이션을 좀 더 체계적으로 준비하고 연습과 훈련을 통하여 극단적인 감정을 억제해야 한다. 본래 가지고 있는 열정에 논리를 가미한다면 아주 뛰어난 프리젠터로 변신할 수 있다.

:: B형 – 논리형

B형에 가장 높은 점수를 받은 당신은 청중_{고객}으로부터 분석적, 논리적, 실용적, 이성적, 지적, 통찰력이 있다는 평을 받는 경향이 있다. 이 유형의 프리젠터는 명석한 두뇌로 단숨에 청중_{고객}을 매료시키며 설득력이 강하다. 이러한 프리젠터는 프리젠테이션 내용에 상당한 지식을 갖고 있는 사람으로서 어

느 누구도 프리젠터의 의견이나 주장을 바꿀 수 없을 것 같은 인상을 준다. 설득의 한 방법으로서 통계자료를 자주 인용한다. 또한 프리젠테이션을 들은 청중고객으로부터 '예리하다'는 평을 받곤 한다. 이러한 평은 그들이 사용하는 언어에서뿐만 아니라 태도에서도 나타난다. 그러나 차갑다는 인상을 줄 수도 있으므로 청중고객과 마음을 열고 함께하려는 노력을 할 필요가 있다.

:: G형 - 소극형

B형에 속하는 프리젠터에게서 느껴지는 예리함이나 신랄함을 느낄 수 없다. 이 유형에 속하는 프리젠터는 조심성, 전형적, 타협적, 중립적, 애매함, 유동적, 지루함이라는 단어로 묘사되고 있다. G형의 프리젠터가 멋을 연출하기 위해서는 단순히 말로 제시하는 대신 몸동작을 의도적이고 적절하게 사용하도록 노력해야 하며, 시청각 자료를 사용하여 변화와 다양성을 제공하도록 노력해야 한다. 청중고객과 끊임없이 시선을 주고받으며 상황에 따라 즉흥적으로 대처할 수 있는 능력을 갖추어야 한다. 말의 속도나 억양에 변화를 주는 연습을 하도록 하라. 또한 청중고객의 주의를 환기할 수 있는 테크닉을 사용할 수 있도록 노력할 필요가 있다. 예를 들어, 프리젠테이션 테마와 관련되는 유명인사의 연설이나 유명한 이야기, 속담, 전설을 인용하는 것도 좋은 방법이다. 청중고객의 성격

과 프리젠테이션 분위기에 어울릴 수 있는 유머를 사용하는 것이 적절하다.

① 나는 지금 어디에 있는가?

프리젠테이션 능력은 아주 우수한 수준과 형편없는 수준에 이르기까지 다양하다. 어떤 이는 많은 사람들 앞에 서는 것 자체에 대한 두려움을 너무나 크게 갖고 있어 프리젠테이션 자체를 상상하지 못한다. 아무리 많은 지식과 프리젠테이션을 지원해 주는 시스템이 있더라도 프리젠테이션은 프리젠터가 청중고객 앞에 서서 구두로 메시지를 전달하는 것이다. 따라서 프리젠터가 가진 영향력이 프리젠테이션에서는 매우 크다는 사실을 알아야 한다.

과거에 실패한 경험이 있거나 다른 사람들로부터 부정적인 피드백을 받은 경험이 프리젠터의 자신감을 떨어뜨리기도 한다. 훌륭한 프리젠터가 되기 위해서는 현재 자신의 위치자신감, 준비, 메시지 가공능력, 매체의 활용, 청중(고객)의 이해 등를 정확하게 파악해서 자신의 장단점을 효과적으로 관리하고 보완해야 한다. 성장의 시작은 자신의 능력에 대하여 현실적인 점검을 하는 것이다.

자신의 능력을 진단하는 방법 중 하나는 스스로 프리젠테이션을 하는 모습을 오디오나 비디오로 녹화해서 검토하는 것이다. 조금은 어색하겠지만 자신의 프리젠테이션 능력을 점검하

는 가장 좋은 방법이고 자신에 대한 유용한 통찰력이 생기게
된다. 가끔은 동료나 상사에게 솔직한 피드백을 요청하는 방
법이 있다. 그들의 피드백이 당신을 불편하게 하고 충격을 줄
수도 있으나, 당신이 가진 프리젠터의 장단점을 솔직하게 알
수 있는 기회가 될 것이다. 또한 당신이 아는 최고의 프리젠
터가 프리젠테이션하는 것을 참관하여 지켜보도록 하라. 그들
이 어떻게 프리젠테이션을 시작하고, 어떻게 메시지를 가공하
고 전달하며, 청중고객의 관심을 어떻게 이끌어 내는지를 살펴
보는 것 또한 자신의 성장을 위한 좋은 기회가 될 것이다.

:: 어떤 프리젠터가 되고 싶은가?

업무에서나 개인적인 생활에서 성취하고 싶은 목표와 모습
이 있을 때 사람들은 성취를 위해 움직인다. 그리고 그 목표
는 자신이 생각하는 것보다 조금 높게 설정하는 것이 좋다.
당신이 프리젠터로서 훌륭한 프리젠테이션을 할 수 있다면
직업적인 측면에서 더 좋은 기회승진, 보상 등가 있을 것이다. 당
신이 원하는 프리젠터의 모습을 상상하라. 그러한 프리젠터가
되었을 때 얻을 수 있으리라 생각하는 보상을 상상하라. 조직
에서 유능한 리더가 될 수도 있을 것이고 더 큰 영향력을 발
휘할 수도 있을 것이다.

뛰어난 프리젠터는 끊임없이 자기개발을 하고 새로운 지식
과 기술을 익히며, 자신이 익힌 지식과 기술을 프리젠테이션

에 효과적으로 적용한다. 당신도 뛰어난 프리젠터가 되기를 원한다면 자신이 원하는 프리젠터의 모습을 상상한 후 그 모습의 달성을 위해 지속적인 노력을 해야 한다.

:: 성장을 위한 장기계획을 세워라

당신의 현재 모습을 파악하고 장래 당신이 되고자 하는 뛰어난 프리젠터의 모습을 결정했다면 그러한 자신을 만들기 위한 장기적인 계획을 세워야 한다. 프리젠테이션 능력은 하루아침에 개발되거나 만들어지지 않는다. 당신이 원하는 모습이 뛰어날수록 더 많은 시간과 노력 그리고 연습과 피드백이 필요할 것이다. 주변의 동료나 상사에게 자신이 수립한 목표를 이야기하고 그들의 지원과 조언을 받으며, 외부의 교육훈련을 받아야 한다. 그리고 기회가 있을 때마다 도전하는 자세가 필요하다.

:: 시작하라

당신이 프리젠터로서의 능력을 개발하고 조직 내에서나 외부에서 프리젠테이션을 훌륭히 수행하는 자신의 목표를 수립하였다면 이제는 그 목표의 달성을 위해 행동으로 옮길 때이다. 지식의 습득만으로는 프리젠테이션 기술이 향상되지 않는다. 하지만 기본적인 지식의 습득이 있어야 연습을 할 수 있다. 프리젠테이션에 대한 책을 읽도록 하라. 습득한 지식은 기회가 있을 때마다 활용을 해 습관화해야 한다. 프리젠테이션은 지식도 중요하지만 더 중요한 것은 그 지식을 활용하는 기술이다. 그리고 기술은 몸에 배어야 자연스럽게 나온다.

말하기 연습을 하라. 매일 하나의 주제를 잡고서 2-5분 정도 스스로 말을 하고 그 내용을 녹음해서 들어보라. 자신이 얼마나 논리적이며 설득력 있게 말을 하는가를 알 수 있다. 또한 자신이 하는 발음의 정확도, 말의 속도와 억양 등을 점검하도록 하라. 자신의 발음이 정확하지 않고 말의 속도가 빠르다면 책을 읽는 연습을 하라. 필자가 활용해서 효과를 본 방법을 알려 주겠다. 볼펜을 가로로 입에 물고 큰 소리로 책을 읽어라. 처음에는 꽤 힘들고 어렵겠지만 매일 조금씩 연습을 한다면 자신의 발음이 명료해지는 것을 느낄 수 있을 것이다. 말의 속도와 억양이 마음에 들지 않는다면 소설이나 시나리오연극대본를 읽어라. 거기에 나오는 주인공들의 느낌과 감정을 그대로 표현하는 연습을 하도록 하라.

회사에서 발표 기회가 있다면 적극적으로 활용을 하도록 하라. 당신의 동료나 상사들은 당신에게 도움이 되는 피드백을 해 줄 것이다. 회의 시간에도 당신의 생각을 논리적이며 설득력 있게 발표하는 연습을 하도록 하라. 당신 부서의 업무 내용을 발표할 기회가 있다면 적극적으로 활용하도록 하라.

회사 내의 동호회 모임이나 사회의 모임에 참석해서 당신의 의견을 발표하는 연습을 하도록 하라. 작은 경험들을 통해 익힌 지식과 기술이 뛰어난 프리젠터가 되는 데 기초가 될 것이다.

말하기는 연습이 필요하다. 프리젠테이션은 공식적인 대화, 즉 말하는 기회이다. 따라서 그 기회에 자신의 생각과 아이디어를 효과적으로 발표한다면 당신의 성장에 큰 도움이 될 것이다.

:: 프리젠테이션에 대한 지식을 습득하라

프리젠테이션에 대한 개인의 역량을 개발하고 이 역량의 발휘를 통해 업무의 목표달성과 성과향상뿐 아니라 개인적인 성장을 위해서는 기본적인 지식을 습득해야 한다. 당신이 프리젠터로서 자신의 역량을 개발하고자 하는 욕구 또는 목표가 확고하다면 그 욕구와 목표의 성취를 위해 무엇을 해야 할 것인가를 생각하게 되고 그 방법을 찾을 것이다.

- 훌륭한 프리젠터와 서툰 프리젠터를 관찰하고 그들을 통해서 배워라. 지식을 얻고 기술을 습득하는 좋은 방법 중 하나가 벤치마킹이다. 당신 주위에 뛰어난 능력이 있는 프리젠터가 있는가? 있다면 그 사람이 가진 장점과 그의 기술을 보고 배우기 위해 그 사람이 하는 프리젠테이션에 참석해 보라. 그 사람의 보조자로 참석할 수 있다면 더 좋다. 그렇지 않다면 어떤 형태로든 참석을 해서 그가 가진 프리젠터로서의 역량과 태도, 지식, 커뮤니케이션 능력, 준비하는 자세 등을 파악하고 당신의 것으로 만들려는 노력을 하라. 또한 서툰 프리젠테이션을 하는 사람의 프리젠테이션을 보고 당신이 관심을 갖고 주

의하고 고려해야 하는 부분, 해서는 안 되는 말과 행동 등을 관찰하라. 이 두 가지 벤치마킹을 한 후 당신이 가진 장점과 특징 그리고 단점과 버려야 할 습관들을 파악하고 장점의 강화와 단점의 제거 혹은 보완을 위한 지식을 습득하고 연습을 하도록 하라.

- 교육훈련을 받아라. 프리젠테이션은 커뮤니케이션의 또다른 형태이다. 이는 프리젠테이션의 대부분이 습관을 통해서 일어난다는 것을 의미한다. 강력하고 효과적인 습관을 위해서는 전문가로부터 적절한 훈련을 받아야 한다. 이것에 당신도 동의를 할 것이다. 당신이 프리젠테이션을 하는 데 있어 자신감이 없고 발표에 대한 공포증이 있으며 커뮤니케이션에 어려움을 겪는다면 효과적인 화술과 커뮤니케이션을 강의하는 곳을 찾아 교육을 받도록 하라. 조직에서 제공하는 교육이 있다면 적극적으로 참석해서 당신의 발표 경험을 쌓도록 하라.어떤 교육이든 교육 참가자들에게 발표의 기회를 많이 준다.

- 책을 통해 필요한 지식을 습득하라. 프리젠테이션은 종합적인 커뮤니케이션 능력을 요구한다. 메시지를 전달해야 하고, 청중고객의 반응을 잘 파악하고 그들의 특성에 맞는 프리젠테이션을 해야 하며, 메시지를 논리적이고 설득력 있으며 보기 좋게 시각화하여야 하고, 시각자료의 색, 도표의 활용, 청중고객의 질의응답에 대한 효과적

인 대응, 집중시키고 흥미를 유발하는 분위기 만들기, 상생의 성과를 위한 공동의 목표설정 등 많은 커뮤니케이션 역량을 요구한다. 이러한 것들에 대해서도 당신은 지식을 습득하여야 한다. 책을 통해 고급의 지식을 습득하라. 한 가지 주의할 점은 많은 책을 읽는 것도 중요하지만 한 권을 읽더라도 그 책을 통해서 습득한 지식을 자신의 것으로 만든 후, 다음의 책으로 넘어가도록 하라. 프리젠테이션은 기술이 절대적인 요소이다.

- 도구 / 매체의 활용에 대한 기술을 습득하라. 당신이 프리젠테이션의 메시지를 가공하는 능력이나 시각자료를 만드는 데 어려움을 겪는다면 컴퓨터 소프트웨어인 파워포인트나 포토샵 등의 소프트웨어를 효과적으로 활용하는 교육을 받도록 하라. 첨단기술의 발전은 프리젠터에게 좋은 기회이다. 이러한 기술을 효과적으로 사용함으로써 자신의 프리젠테이션을 더 빛나게 할 수도 있다. 당신이 이러한 능력을 쌓을 시간이 없다면 외부의 전문가들을 활용하도록 하라.

:: 무대공포증을 이겨내라

당신은 많은 사람들 앞에서 당당하게 말할 수 있는가? 청중 고객 앞에서 연설을 하는 것이 사람들이 가진 가장 큰 두려움 중 하나이다. 따라서 대부분의 사람들은 가능하다면 그런 기회가 오면 피하려 하거나 기회를 원하지 않는다. 프리젠테이션은 청중고객(두 명이든 그 이상의 인원이든) 앞에 서서 프리젠터가 원하는 성과를 얻기 위해 청중고객을 공개적으로 설득하는 과정이다. 이것이 프리젠테이션을 두려워하는 이유이다. 이 두려움을 극복하는 가장 좋은 방법은 경험이다. 기회가 있을 때마다 사람들 앞에서 자신의 생각이나 아이디어를 발표하도록 하라. 당당하게 서고, 심호흡을 하며, 시선은 청중고객을 고루 바라보면서 짧은 시간이라도 좋으니까 당신의 생각을 발표하도록 하라. 뛰어난 연사도 무대에 올라가기 전에 긴장을 한다. 이러한 긴장이 그에게는 오히려 자극이 된다.

당신이 생각하는 뛰어난 프리젠터도 청중고객 앞에 나가기 전 긴장을 하고 있음을 기억하라. 그들이 긴장을 어떻게 극복하는지 잘 살펴보도록 하라. 문제는 이러한 긴장감을 갖는 것이 아니라 어떻게 그 긴장감을 해소하는가에 있다. 이러한 긴장감 때문에 당신에게 주어진 프리젠테이션의 기회를 날려 버릴 수는 없지 않은가? 청중고객의 관심을 끌지 못하거나, 청중고객을 설득시키지 못하는 것, 청중고객의 질문에 대답을 하지 못하는 것, 청중고객이 자신을 어떻게 판단할까? 내가 올바르게 준비한 것일까? 등등에 대한 걱정으로 시간을 낭비하지 말라. 그럴 바에는 차라리 프리젠테이션을 포기하라. 그렇지 않다면 그 시간을 연습과 훈련의 시간으로 대체하라.

2.3 자신감 개발

프리젠터가 보여 주는 자신감은 자신감의 전달로 끝나는 것이 아니다. 청중고객은 프리젠터가 자신들에게 도움이 되는 정보를 제공해 줄 것이고 그 정보에 대해 프리젠터가 확신과 열정을 갖고 있기를 기대한다. 청중고객은 그것을 통해 메시지에 대해 확신을 갖기를 원한다. 이는 프리젠터의 확신과 열정이 청중고객을 설득하는 데 중요한 역할을 한다는 것을 의미한다.

지금 당신이 참석한 프리젠테이션에서 발표를 하는 프리젠터가 땀을 흘리고, 시선을 어디에 둘지 모르면서 긴장을 한다. 물을 지나치게 자주 마시고, 이마에 흐르는 땀을 닦기 위해 손을 연신 이마로 올린다. 목소리가 떨리고……. 이런 프리젠터의 발표를 듣는 당신은 어떤 생각을 하겠는가?

반면 여유 있는 모습과 적절한 목소리, 명확한 발음 그리고 청중고객에게 자연스레 던지는 시선, 미소, 제스처의 유연함 등을 갖춘 프리젠터의 발표를 듣는다면…….

자신감은 메시지 못지않게 프리젠테이션의 성패를 좌우한다. 따라서 프리젠터는 자신감을 강화하는 데 노력을 하여야 한다.

❶ 버려야 할 신화 – 프리젠터가 가지는 잘못된 생각

:: 훌륭한 프리젠터가 되기 위해서는 타고난 재능이 있어야 한다

이것은 프리젠터는 만들어지는 것이 아니라 타고난다는 잘못된 신화이다. 이러한 신화에 대한 맹목적인 믿음이 프리젠터의 자신감을 떨어뜨린다. 이러한 생각을 버려라. 당신이 생각하는 뛰어난 프리젠터의 자질을 적어 보도록 하라. 그러한 자질을 모두 가지고 있는 프리젠터가 있는가? 당신이 가진 자질은 무엇인가? 훌륭한 프리젠터가 가진 목소리우렁차고 호소력 있는는 타고난 자질이다. 하지만 그에게도 청중고객 앞에 서기까지 스스로 극복해야 했을 단점들이 있을 것이다. 타고난 목소리를 더욱 빛나게 하는 것은 준비와 연습 그리고 다른 사람들의 격려이다. 타고난 재능만 가지고 뛰어난 프리젠터가 될 수는 없다. 저자도 강의를 하다 보면 매력적인 목소리를 가진 참가자들을 발견한다. 그 사람에게 강의장 앞에 나오게 하거나 자리에서 일어서서 의견이나 생각을 표현하라고 하면 그들 대부분은 긴장을 하고 더듬거리고 논리적이지 않다. 좋은 목소리라는 선천적인 능력이 연단 앞에서의 자신감과 여유 있는

발표를 보장해 주지는 않는다.

:: 그들에게는 쉬운 일일 것이다(그들은 나처럼 무대공포증이 없을 것 이다)

세상에 쉬운 일이란 없다. 쉬울 것이라는 긍정적인 생각과 쉽 게 하기 위한 연습과 준비가 있을 뿐이다. 크라이슬러 사의 전 회장 리 아이아코카는 그의 자서전에서 고등학교 토론 팀에 가 입하여 말하기를 배웠다고 한다. "처음에 나는 죽도록 겁이 났 다. 초조했다. 오늘날까지도 나는 연설을 하기 전에 여전히 약 간은 초조함을 느낀다. 하지만 토론 팀에서의 경험이 아주 도움 이 되었다. 당신은 특출한 아이디어를 가질 수 있다. 그러나 이 를 사람들에게 이해시키거나 그들을 설득시키지 못하면 당신의 두뇌는 쓸모없는 것이다."라고 썼다.

당신도 올바른 연습과 훈련을 한다면 자신의 단점을 극복 하고, 장점을 최대한 이용해 유능한 프리젠터가 될 수 있다.

:: 훌륭한 프리젠터는 노력할 필요가 없다

아니다. 훌륭한 프리젠터일수록 더 많은 노력을 한다. 어떻 게 노력을 하지 않고 뛰어난 실력을 가질 수 있겠는가? 노력 은 뛰어난 재능을 더욱 빛나게도 하지만 다소 부족한 재능을 채워 주기 위해 필요한 것이다. 그들이 프리젠테이션을 준비 하는 모습을 가만히 지켜보라. 때로는 당신이 상상할 수 없는 다양한 방법으로 노력하는 것을 관찰할 수 있을 것이다. 기억하라, "연습만이 완벽함을 만든다."는 사실을.

:: 경험이 많은 사람들은 더 이상 초조해하지 않을 것이다

아니다. 그들도 당신이 느끼는 것만큼 긴장하고 초조해한
다. 단, 당신과 다른 점은 그들은 그 긴장과 초조를 긍정적인
에너지로 전환하는 방법을 알고 있다는 것이다. 그리고 그 방
법은 경험을 통해서 쌓게 되는 것이다. 필자도 새로운 사람들
앞에서 강의를 할 때 약간의 긴장과 초조함을 느낀다. 그들은
어떤 사람들일까? 그들은 어떤 반응으로 나를 맞이할까? 등등
의 생각으로 긴장을 한다. 하지만 이 긴장이 멋진 강의를 하
는 나를 방해하거나 내가 준비한 메시지를 호소력 있고 재미
나게 전달하는 데 방해물이 되지는 않는다. 오히려 더 많은
연습과 철저한 준비를 하도록 동기부여를 한다.

:: 나는 결코 훌륭한 프리젠터가 될 수 없다

누가 당신에게 이런 말을 하는가? 누가 당신이 프리젠터로
서의 자질이 없다는 말을 하는가? 이러한 말을 하는 것은 당
신이 스스로에게 하는 당신 내부의 목소리이다. 스스로 훌륭
한 프리젠터가 아니라고 믿는데 어떻게 뛰어난 프리젠테이션
을 할 수 있겠는가? 프리젠테이션에 대해 스스로 어리석고
무능하다는 생각을 하지 말라. 태어나면서 훌륭한 프리젠터인
사람은 없다. 그들도 당신과 똑같이 말을 배웠고 때로는 실수
도 하였으며 좌절도 하였을 것이다. 결코 스스로를 무능하다,

뛰어난 프리젠터가 될 수 없다는 한계를 짓지 말라.

:: 나는 모든 방법을 다 시도해 봤지만 효과가 없었다

진정으로 당신은 할 수 있는 모든 방법을 다 활용해 보았는가? 연습을 충분히최소한 6번 이상에서 잘할 때까지 했는가? 필요한 정보를 수집하기 위해 얼마나 노력을 하였는가? 당신이 준비한 메시지를 멋지게 가공하기 위해 필요한 컴퓨터 소프트웨어의 사용법을 익혔는가? 당신은 동료나 상사에게 정확한 피드백을 요청하고 그들의 피드백을 긍정적으로 수용하고 자신의 성장 기회로 삼았는가? 지금까지 당신이 해 온 방법보다 더 나은 방법은 얼마든지 있다.

IFD증세라는 것이 있다. 당신은 우연한 기회회사 발표 장소든, TV에서든에 당신이 생각하는 이상적인 프리젠테이션을 하는 사람의 발표를 듣고 그를 이상화I - Imagination하였다. 그 후 당신은 몇 번의 프리젠테이션 기회에 다소 힘든 프리젠테이션을 하여 좌절감F - Frustration을 갖는다. 당신은 낙담을 하고 다시는 프리젠테이션을 하지 않겠다고 결심D - Decision하게 된다. 그리고는 "절대로 나는 훌륭한 프리젠터가 될 수 없고 어떠한 경우라도 프리젠테이션을 하지 않을 거야!"라고 말한다.

IFD증세를 보이는 사람은 자신의 이상을 너무 높게 그리고 조급하게 잡는다. 그들은 기적을 기대하지만 기적은 일어나지 않는다. 스스로 뛰어난 프리젠터가 되겠다는 결심을 하였다면 현실적인 계획을 세워서 착실하게 준비하고 연습하라. 그리고 실수를 하였다면 그 실수에서 가치 있는 것을 배우고 다시는 그러한 실수를 하지 않도록 준비하고 연습하라. 결코 기적은 노력 없이 이루어지지 않는다.

② 불안감 극복을 위해

자신의 머릿속에 꽤 쓸 만한 아이디어가 있다. 회의나 토의의 좋은 결과를 위해 도움이 되는 창의적인 아이디어가 방금 당신의 머릿속에 떠올랐다. 그런데 말을 하려 하니 긴장이 되고 숨이 가빠지고 얼굴이 붉어진다. 발언의 기회를 잡으려고 손을 들어야 하는데 손이 올라가지 않는다. 어떻게 해서 발언의 기회를 잡아 말을 하는데 제대로 말이 나오지 않는다. 다른 사람들의 시선이 두렵고 그들은 내 아이디어에 대해 트집을 잡거나 평가를 하려는 것 같고, 그들은 내 말을 잘 이해하지 못하는 것 같다. 이러한 일이 당신에게 일어난다면 어떤 느낌을 받을 것인가.

이러한 지나친 긴장과 불안한 마음을 극복하지 못한다면 프리젠터로서 당신의 경력을 추가하는 데 큰 어려움이 될 것이다. 이를 극복하기 위해서는 첫째, 스스로 과감하게 행동하라. 당신의 아이디어를 표현하는 데 과감한 행동을 하라. 목소리를 크게 하고 몸동작도 조금은 과장되게 표현하라. 둘째, 당신의 아이디어가 회의와 토의를 하는 그룹과 조직에 제공할 이익을 생각해 보라. 당신이 말을 하지 않음으로써 그룹과 조직이 잃어버릴 수 있는 기회 또는 받게 될 손해를 생각해 보라. 그리고 당신이 자신의 생각을 표현함으로써 얻을 수 있는 이익을 생각해 보라. 회의와 토의에 참여한 것과 당신의 영향력의 증가, 다른 사람들과의 관계형성의 기회, 당신의 표현력 등을 떠올려 보라.

자신의 생각을 자연스럽게 표현하는 데 성공하는 하나의 경험이 다음의 더 중요하고 멋진 발표에 도움이 된다. 당신이 발표에 불안을 갖고 있다면 그것을 극복하는 12가지의 방법을 알아보도록 하자.

:: 작은 것부터 시작하자

처음부터 중요한 고객에게 중요한 내용을 발표하거나 프리젠테이션을 하기 전에 자신이 속한 부서의 회의에서 자신의 생각이나 업무를 간단히 보고하는 연습부터 하도록 하라. 이러한 작은 성공경험이 큰 자신감을 심어 줄 것이다.

:: 강화의 법칙을 활용하라

당신이 사람들 앞에서 말하는 것이 자연스럽지 못하고 불안감 때문에 제대로 의사표현을 할 수 없다면 처음에는 글을 써서 읽는 연습을 하라. 혹은 벽이나 칠판에 당신이 전하고자 하는 메시지를 나타내는 글이나 그림을 그려 놓고 동료들 앞에서 설명을 해 보라. 당신이 가장 부담을 갖고 있지 않는 방법에서 출발하여 한 계단씩 그 어려움을 가중시키면서 연습을 하도록 하라.

:: 당신에게 가장 중요하거나 당신이 잘 아는 내용으로 시작하라

자신에게 중요한 이야기나 잘 아는 내용을 이야기할 때 사람들은 좀 더 강하고 확신 있게 메시지를 전한다. 당신이 전하고자 하는 메시지를 자신의 것으로 만들어라. 자신에게 아주 중요한 내용이며, 그 내용을 자신이 잘 알고 있다고 생각하라. 그리고 때로는 메시지를 잘 알기 위해 스스로 더 많은 준비를 해야 할지도 모른다.

:: 당신의 자료를 파악하고 검증된 기법을 이용하여 잘 준비하라

당신은 자신이 준비한 자료에 대해 누구보다도 잘 알고 있어야 한다. 그리고 목적에 맞는 자료를 충실하게 준비하라. 그리고 그 자료들을 논리적이고 설득력 있게 전달하기 위해서 검증된 방법논리구조, 훌륭한 프리젠터의 노하우 등을 이용해서 준비하도록 하라. 당신이 스스로 준비한 자료에 확신을 갖고 올바른 방법으로 준비를 한다면 당신의 불안감을 상당히 해소할 수 있을 것이다.

:: 기회가 있을 때마다 가능한 한 말을 많이 하도록 노력하라

이것도 하나의 연습이다. 연습이 많을수록 더 나은 기술을 익힐 수 있다. 친구들과의 모임이든, 사회활동의 모임이든, 조

직 내 동호회 또는 부서 내의 미팅이든 기회가 있을 때마다 당신의 생각이나 메시지를 논리적으로 전개하는 연습을 하도록 하라. 그리고 당신이 신뢰할 만한 사람이 있다면 그에게 당신이 하는 말에 대해 피드백을 요청하도록 하라.

:: 돌발 사태에 대응하는 유연성을 가져라

상황은 언제나 당신이 원하는 대로 진행되지 않는다. 당신이 어떤 메시지를 전달하는데 갑자기 상황이 바뀔 수 있다. 이러한 돌발적인 상황에 잘 적응하라.

:: 환경을 파악하라

당신이 프리젠테이션을 하는 환경이 당신에게 낯선 장소라면 그 또한 당신의 불안을 키우는 요소가 된다. 그러한 새로운 환경이라면 그 환경에 익숙해지는 노력을 해야 한다. 강연이나 프리젠테이션이 계획되어 있는 경우 최소한 1시간 전에는 그 장소에 도착하도록 하라. 가능하면 당신이 활용할 기자재를 점검하고 당신의 발표를 방해할 요소와 지원해 줄 요소를 찾아 효과적으로 대응하도록 하라. 대부분의 비즈니스 프리젠테이션은 당신에게 익숙한 당신 조직보다는 고객사의 회의실 등에서 진행되는 경우가 많을 것이다. 이때 가급적 일찍 도착하여 프리젠테이션 장소에 익숙해지도록 하라. 가능하다면 그 장소의 분위기를 당신이 원하는 대로 변경하는 것도 좋은 방법이다.

:: 자신의 성공적인 발표 모습을 상상하라

머릿속에 당신의 멋진 발표 모습과 청중_{고객}의 동의하는 표정들 그리고 메시지가 명확하고 설득력 있게 청중_{고객}에게 전달되는 모습, 발표 상황의 모든 요소들을 효과적으로 처리하는 당신의 모습, 마지막으로 발표의 성공으로 당신과 청중_{고객} 모두가 원하는 것이 충족된 모습을 상상하도록 하라. 매 순간 당신이 던지는 말 한 마디와 행동, 얼굴 표정 하나까지도 상상을 하도록 하라.

:: 친근한 사람과 일 대 일로 말하듯이 하라

당신은 친한 사람과 대화를 할 때 긴장하지는 않을 것이다. 청중_{고객}의 수가 많더라도 그들이 당신과 친한 사람이라고 생각하고 그들과 대화하듯이 자연스럽게 발표를 하도록 하라. 청중_{고객} 중 당신의 말에 수긍을 하여 고개를 끄덕이거나 미소를 지으면서 긍정적인 반응을 보이는 사람을 찾도록 하라. 그들의 반응이 당신을 더욱 편안하게 해줄 것이다.

:: 청중_{고객}이 당신을 어떤 사람이라고 평가할 것에 집중하지 말고 당신이 전하고자 하는 메시지에 집중하도록 하라

지나치게 자의식이 강한 사람은 다른 사람들이 자신의 옷, 태도, 얼굴 표정, 말솜씨 등을 평가할 것이라는 데 지나치게 신경을 쓰기 때문에 때때로 자신의 메시지에 집중하지 못하

는 경우가 있다. 청중고객은 당신의 메시지에 관심을 갖는다. 당신이 지나치게 화려하고 튀는 옷을 입거나 독특한 행동을 하지 않는 한 그들은 당신의 외모에 대해 그렇게 신경을 쓰지 않는다. 당신이 보통의 비즈니스맨이 가지는 태도와 매너 그리고 복장을 하였다면 그것으로 충분하다. 당신은 자신이 전하는 메시지에만 집중하면 된다.

:: 당신이 말하는 것을 압박하는 것을 해소하는 행동을 하도록 하라

제스처를 사용할 때는 과감하게 몸동작을 하도록 하라. 의식적으로 미소를 지어라. 청중고객 한사람 한사람과 시선을 맞추어라. 때로는 질문을 통해서 청중고객의 관심을 끌도록 하라. 목소리도 평소보다 크게 내도록 하라.

:: 당신이 프리젠터로서 가진 장점들을 가능한 한 많이 찾아내도록 하라

당신은 자신이 생각하는 것보다 훨씬 더 많은 프리젠터로서의 장점을 갖고 있음을 알아내도록 하라. 당신이 가진 독특함을 개발하여 그것을 당신의 프리젠테이션에 활용하도록 하라. 당신의 많은 장점은 당신의 프리젠테이션을 방해하는 요소들을 제거할 수 있는 무기이다.

필자는 프리젠테이션 강의를 할 때 프리젠터의 자신감 개발에 중점을 많이 둔다. 한두 번의 연습자신 있는 주제. 자의식을 벗어날 수 있는 주제로과 실습 그리고 비디오 촬영을 통한 피드백필자와

함께 강의를 듣는 동료들의 긍정적인 피드백으로 프리젠터의 불안감을 극복하고 자신 있는 발표의 기초를 만들어 준다.

2.4 태도와 자세

① 프리젠터 이미지

● 복장

- 전문가로부터 자신에게 맞는 복장에 대해 조언을 받는다.
- 가급적 청중고객과 비슷한 옷차림을 한다.
- 너무 꼭 끼는 옷은 피한다. 움직임에 불편함을 주고 청중고객에게 불안감을 준다.
- 짙은 색 정장이 무난하다. 그 속에 흰색 셔츠나 블라우스를 입는다.
- 붉은색 넥타이나 스카프를 착용한다. 당신의 열정을 청중고객에게 전할 수 있다.
- 깨끗한 구두를 신는다.
- 액세서리는 소금만 작용한다.
- 향수는 은은하게 뿌린다. 특히 여성인 경우 주의한다.
- 검은색 고급 필기구를 갖춘다. 또 하나의 전문가 상징이다.

- 자 세
  - 고개를 약간 위로 들고 턱을 앞으로 내민다.
  - 뺨에서 공기를 들이마시고 숨을 내쉰다.
  - 부드럽게 미소를 짓고 여유 있는 시선처리를 한다.
  - 어깨를 뒤로 젖히고 가슴을 내밀고 배를 끌어당긴다.
  - 두 손은 편안하게 옆으로 내린다.
  - 무릎을 편안하게 하고 다리를 꼬지 않는다.
  - 남녀 모두 발을 약간 벌려 선다.
  - 천천히, 깊게, 고르게 호흡을 한다.
  - 천천히 일정한 보폭으로 움직인다.
  - 등을 보이거나 옆걸음으로 이동하지 않는다.
  - 지나치게 고정된 자세는 피한다.

- 버릴 것
  - 몸을 좌우 또는 앞뒤로 자꾸 흔드는 행위
  - 단추나 옷 또는 넥타이를 만지작거리는 행위
  - 다리의 무게 중심을 이쪽저쪽으로 자꾸 옮기는 행위
  - 귀를 잡거나, 이마를 문지르거나, 턱을 만지거나, 머리를 쓰다듬는 행위
  - 머리카락을 갑자기 뒤로 젖히는 행위
  - 손가락으로 탁자를 톡톡 치거나 손바닥으로 탁자의 가장자리를 문지르는 행위

제2장_Best 프리젠터 되기

- 카드를 만지작거리거나 호주머니 속의 물건을 만지는 행위
- 호주머니에 손을 넣었다 뺐다 하는 행위
- 손을 비벼대는 행위
- 팔찌나 시계 등 장신구를 만지는 행위
- 소매를 걷어 올리는 행위

② 프리젠터의 시선처리(eye contact)

설득력 침착하게 항상 누군가를 본다. 있는 시선처리를 하라.

일 대 일 그룹 전체에게 이야기하지 않는다. 로 누군가를 항상 바라보라.

Look / 바라보고　　**Smile / 미소 짓고**　　**Talk / 이야기하라**
Key Man을 공략한다.

지그재그 시선법 앞에서 뒤로, 뒤에서 앞으로, 좌에서 우로, 우에서 좌로, 항상 천천히, 그리고 여유 있게 시선을 돌려라.

One Sentence, One Person 한 문장을 이야기할 때는 한 사람을 바라보라. 지나치게 자주 움직이는 시선은 메시지의 강도를 떨어뜨린다.

호의적으로 경청하는 청중 고객을 찾는다. 그를 바라봄으로써 동기부여를 받고 자신의 메시지에 대한 반응을 읽을 수 있다.

- 잘못된 시선처리

  - 특정인을 너무 오래 바라본다.
  - 말없이 바라본다.
  - 시간이 너무 짧다. 시선이 너무 빨리 이동을 한다.
  - 공간을 바라본다.
  - 눈에 힘이 너무 들어가 있다.
  - 시선 변경 시 각도가 너무 크다.

③ 프리젠터의 화법

- 프리젠터의 목소리 / 화법

  - 크기: 충분한 크기로 전달을 하라. 맨 뒤의 청중고객과 대화를 한다는 생각으로 목소리를 과감하게 던지도록 하라.
  - 높이: 메시지의 적절한 부분에는 강조를 하고 때로는 약하게, 때로는 강하게 하라.
  - 속도: 조금은 빠르게 발표를 하라. 너무 느린 속도는 청중고객의 집중력을 잡을 수 없다.
  - 길이: 너무 길게 한 문장을 연결하지 말라. 한 문장은 하나의 메시지로 끝내라. 연결어를 지나치게 사용하면 메시지의 힘이 떨어진다.
  - 쉬기: 발표 중 쉴 때는 과감하게 쉬도록 하라. 1~2초의 쉬는 시간을 청중고객은 모른다. 오히려 이러한 여유는 청

중고객의 반응을 살필 수 있고 프리젠테이션의 자신감을
키워 줄 수 있다.
- 힘주기: 강조할 때는 과감한 제스처와 함께 강조를 하라.

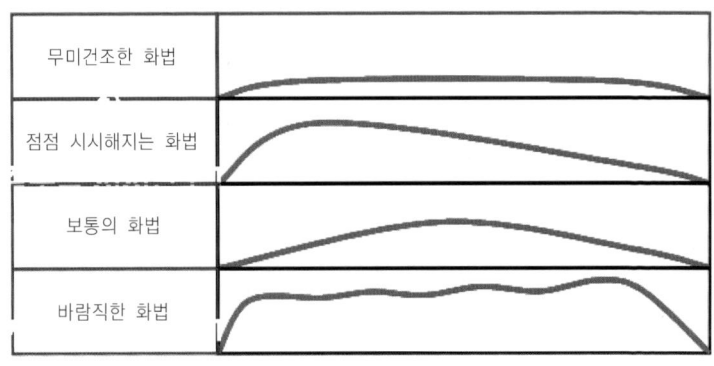

무미건조한 화법	
점점 시시해지는 화법	
보통의 화법	
바람직한 화법	

● 바람직한 화법을 위해

- 시작 전에 목소리 훈련을 충분하게 하라.
- 우물거리지 말고 과감하게 목소리를 쏟아 내라.
- '아', '음' 따위의 사이음을 쓰지 말라.
- 단조롭게 말하지 말고 표현의 다양성을 주고 목소리에도
  강약을 주어라.
- 속도를 줄이고, 쉴 때는 과감하게 쉬도록 하라.
- 반복할 때는 용어에 변화를 주어라
- 목소리를 과감하게 앞으로 던져라.
- 공간의 크기에 맞는 높이의 목소리를 내도록 하라.

- 명확한 발음을 내도록 하라.
- 말과 말 사이에 간격을 적절하게 유지하라.

● 제스처

- 자심감이 있고 힘차게 한다.
- 강력한 메시지를 전할 때 사용한다.
- 동작은 크게 천천히 한다.
- 지나치게 많은 움직임은 자제한다.
- 메시지 내용과 제스처를 일치시킨다.

유능한 프리젠터가 되기 위해	
장 점	보완할 점
강화	줄일 것
새롭게 할 것	버릴 것

제3장

청중^{고객}의 이해

3.1 프리젠테이션과 청중_{고객}

프리젠테이션에서 청중_{고객}은 중요한 부분 중 하나이다. 그들은 프리젠테이션을 있게 하고, 당신에게 비즈니스 기회를 제공하여 당신의 능력을 보여 줄 기회를 제공하는 반면, 당신이 성과_{프리젠테이션의 목표 달성}를 올리는 데 그들을 설득해야 하는 부담을 주기도 한다. 즉 프리젠터가 프리젠테이션에서 가장 부담을 느끼는 것은 발표를 진행하는 그 자체에 있는 것이 아니라 바로 청중_{고객}을 올바르게 이해함으로써 그들을 설득해 프리젠터가 원하는 행동과 판단을 하도록 해야 하는 데 있다.

사내 또는 부서 내에서든, 고객들 앞에서 진행하는 프리젠테이션이든 프리젠터는 그 자리에 참석한 사람들을 움직여야 한다._{그들을 설득해야 한다}, 따라서 성공적인 프리젠테이션을 위해서는 당신의 입장과 위치가 아닌 그들_{청중(고객)}의 위치와 입장에서 모든 것을 준비하고 판단하여 시작하여야 한다. 그들은 주제에 대해 얼마나 친밀한가? 그 주제에 대한 그들의 태도는? 유사한 주제에 대한 과거의 경험은? 청중고객이 염려하는 것은? 그들이 행동결정하는 데 있어 제약요소는? 등등에 대한 정보를 당신은 알아야 한다. 그러한 정보들을 통해 청중고객을 움직이는 요소를 알 수 있고, 그러면 당신의 프리젠테이션은 성공 가능성이 높아진다.

❶ 청중(고객)에 대한 이해

청중고객에 대한 이해도를 높이는 것은 당신에게 자신감을 줄 뿐 아니라 프리젠테이션의 성공을 보장해 주는 중요한 요소이다. 무엇을 어떻게 준비할 것인가는 바로 청중고객에 대한 이해의 수준과 깊이가 결정한다. 당신이 가진 지식의 양과 목표가 중요한 것이 아니다. 청중고객이 가진 지식과 관심, 태도, 그들의 문제해결에 대한 욕구가 중요하다.

:: 그들이 할 수 있는 것은 무엇인가?

이는 청중고객이 가진 능력을 파악하는 것이다. 당신이 진행하는 프리젠테이션에 참석한 사람들 중 의사결정권자들이나 영향력당신의 발표를 듣고 중요하면서 결정적인 의견을 개진하는 힘을 가진 참석자들의 힘을 가진 사람들을 찾아내야 한다. 그들을 찾은 다음 그들 중심의 발표메시지, 용어, 시각 자료, 표현 등를 하여야 한다. 참석한 청중고객을 벗어난 발표를 하는 어리석은 경험은 하지 말

라. 당신이 가진 목표를 수행할 수 있는 능력을 가진 사람들을 찾아내고, 그들의 목표에 당신의 메시지가 반드시 필요한 것이며 목표달성에 기여할 수 있다는 것을 보여 주어야 한다.

:: 그들이 이미 알고 있는 것은 무엇인가?

프리젠터들이 저지르는 실수는 청중고객이 통상 프리젠터만큼 전문가가 아니라는 사실을 이해하지 못하는 것이다. 프리젠터는 자신이 사용하는 전문용어를 청중고객이 이해할 것이라고 가정해서는 안 된다. 반드시 알아야 할 것은 영향력 있는 청중고객의 지식수준과 관심사를 프리젠터가 이해하는 것이다. 청중고객은 절대로 당신의 발표내용을 이해하지 못하였다고 말하지 않는다. 그들은 당신이 원하는 행동을 하지 않음으로써 그것을 표현할 수 있는 수단을 갖고 있는 것이고, 자신의 지식 부족을 숨기고자 하는 욕구를 갖고 있다.

청중고객이 이해하지 못하는 용어와 단어를 사용해 그들을 불편하게 해서는 안 된다. 그들이 당연히 알고 있을 것이라고 가정을 하고 중요한 부분을 그냥 넘어가서는 더더욱 안 된다. 때로는 지나치게 상세하게 청중고객에게 이야기를 해야 할 경우도 있을 것이다. 그렇게 하도록 하라. 결코 당신에게 불리한 것이 아니다.

:: 지식 수준과 대응

지식 수준	대 응
낮은 수준	- 목표와 요점에 대해 현실적이며 구체적으로 접근하라. 무엇이 어떻게 　진행되는지 방법을 설명하라. - 청중(고객)을 무시하는 무례를 범하지 않도록 세심하게 배경, 기본사 　항 등을 설명하라. - 전문용어를 가급적 피하도록 하라. - 이야기, 유추, 관련 예를 사용하라. 세부사항을 자세히 설명하라. - 중간 중간 요약을 하고 질문을 유도하라.
중간 수준	- 전체적인 개요를 설명하라. - 적절한 질문을 하여 청중(고객)의 반응과 이해 수준을 살펴라. - 정보를 명료하고 정확하게 해석하라. - 적절할 때 의식적으로 전문용어를 사용하라.
높은 수준	- 당신의 가설을 점검하라. - 질문을 통해 - 신속히 주제를 이동하라. - 하나의 주제에 너무 오래 머물지 말라. - 풍부하고 상세하며 논리적이며 설득력 있는 증거로 정보를 제공하라. - 전문용어를 사용하되, 불확실한 표현을 경계하라.

❖ 출처: Secrets of presentation, Peter Urs Bender

:: 그들의 필요 또는 관심사는 무엇인가?

또 한 가지 중요한 것은 청중_{고객}이 기대하고 듣고 싶은 것 그들의 욕구, 해결해야 하는 문제 등이 무엇인가를 알아내는 것이다. 이 는 청중_{고객}을 감동시키고 당신의 발표내용이 그들에게 도움 이 될 것이라는 확신을 심어 주는 데 중요하다.

유능한 프리젠터는 자신이 고객_{청중}을 위해 무엇을 할 수 있는가_{자신의 역량과 능력}를 찾아내고, 그다음으로 그들이 진정으 로 원하는 것이 무엇인지를 찾으려고 노력한다. 조직 경영상

또는 업무비용, 일정, 업무수행, 품질, 지원 등에서 청중고객은 해결하고
자 하는 문제를 갖고 있고 해결하고자 하는 욕구를 갖고 있
다. 그것을 찾아내도록 하라. 그들은 당신이 발표하는 내용이
자신들의 문제를 해결하고 욕구를 충족시키는 데 얼마나 적
합하고 그 결과를 확신할 수 있는지 알고 싶어 한다. 또 알아
야 할 중요한 것들은 정치적 성향, 권력, 개성, 과거, 문화에
서 나오는 개인적인 필요와 관심사이다. 이 또한 프리젠터는
발표를 하는 도중에 적절한 표현을 통해 개인적인 욕구와 필
요들을 채워 주어야 한다.

:: 그들의 태도는 어떠한가?

청중고객은 프리젠터와 메시지, 프리젠터의 조직 등에 대한
나름대로의 태도긍정적, 부정적, 호감, 비호감, 중립 등를 갖고 있다. 그
들의 태도에 영향을 미치는 것으로는 그룹, 개인적인 경험과
배경, 문화 및 세대차이가 있다.

- 청중고객은 발표자에 대한 태도를 갖고 있다.
- 청중고객은 발표자가 속한 조직에 대한 태도를 갖고 있다.
- 청중고객은 주제나 소재에 대한 태도를 갖고 있다.
- 청중고객은 발표자의 주제 / 아이디어에 대한 태도를 갖고
  있다.
- 청중고객은 발표자의 스피치 복적에 대한 태도를 깇고 있
  다. 따라서 프리젠터는 청중고객의 이러한 태도를 사전에

충분히 파악하여 적절한 준비를 하여야 한다.

	낮은 관심	높은 관심
긍정적 태도	-감성적인 자극이 약하다. -가치를 강조하라. -결과와 혜택을 강조하라. -필요한 조치를 쉽게 빨리 하라.	-설득된다. 공연히 복잡한 증거를 내세우거나 동기부여를 하지 말라. -정보에 부담을 주지 말고 쉬운 주제로 감성을 자극하라. -구체적 조치로 이동하라.
중립적 태도	-주의를 끄는 이벤트를 하라. -참석하게 하라. -정신적, 물리적으로 공감대를 형성하라.	-주장을 명확히, 철저하게 -이익과 사실 / 증거제시 -토의준비 -감성보다는 논리적인 이성
부정적 태도	-그들의 태도를 완화시킬 방법을 모색하라. -창의적인 접근법을 활용(유머)하라. -그들을 경청하게 하라.	-조심 / 신중하게 접근 -일반적인 관심, 입장 -그들을 이해하고 존경심을 보여주어라. -냉정, 단호함, 부드러운 태도

❖ 출처: Selling to Wind, Richard Denny, 편역

:: 청중(고객)의 수준과 대응

프리젠테이션에 참석한 청중_{고객}은 당신의 메시지를 여러 단계를 거쳐서 수용하고 반응을 보인다. 각 단계마다 적절한 대응과 효과적인 메시지를 전달함으로써 당신은 보다 효과적인 발표를 할 수 있을 것이다.

다음 그림은 청중_{고객}이 당신의 메시지에 반응하는 수준이다.

경 청
이 해
신 뢰
보 유
행 동

- **경청**: 청중_{고객}이 당신의 말과 메시지에 귀를 기울이지 않고 관심을 갖지 않는다면 당신은 벽에 대고 이야기하는 것과 마찬가지이다. 즉 당신이 원하는 프리젠테이션의 목표를 달성할 수 없게 되는 것이다. 당신은 당신의 발표가 끝날 때까지 청중_{고객}의 관심을 끌고 유지하여야 한다.
  - 열정적이고 신념 있는
  - 청중_{고객}에게 중요하고 이해할 수 있는
  - 청중_{고객}의 기대를 채워 주고 흥미를 끄는
  - 청중_{고객}을 기분 좋게 해 주는
  - 생생하게 전달하는_{시각자료, 일화, 목소리, 표정, 동작 등} 프리젠터에게 청중_{고객}은 귀를 기울인다.
- **이해**: 청중_{고객}은 당신의 발표를 듣고 난 다음 그 내용을

이해한다. 청중고객이 이해하지 못하는 메시지를 전달하는 것은 소귀에 경을 읽는 것과 마찬가지이다. 청중고객이 쉽게 이해할 수 있는 발표를 해야 한다.

- 명확한 주제와 요점 그리고 각 요점의 연결이 명확함
- 시간에 맞는 준비된 자료
- 자료를 설명하고 해설할 때
- 중요하고 어려운 요점은 강조, 반복, 다양하게 표현할 때
- 청중고객의 피드백을 적극적으로 요청할 때 청중고객의 이해 수준을 높일 수 있다.

- 신뢰: 당신의 메시지를 이해한 청중고객은 그 메시지에 대한 신뢰의 정도를 판단하고 행동 여부를 결정한다.
  - 프리젠터가 전문가이고 프로일 때
  - 청중고객이 믿고 있고 알고 있는 사람전문가의 증언이 있을 때
  - 객관적인 증거 자료가 제시될 때 청중고객의 신뢰가 올라간다.

- 보유: 이는 청중고객이 당신의 발표를 듣는 중에 발생한다. 자신들에게 중요하고 이익이 된다는 믿음이 가는 메시지는 청중고객이 선택적으로 기억을 한다. 이는 청중고객의 의사결정에 중요한 역할을 하는 요소이다.

- 행동: 청중고객은 확신이 생길 때 자신의 행동을 결정한다. 이는 프리젠터가 원하는 목표이기도 하다. 청중고객은

다음과 같을 때

- 행동을 하는 데 큰 어려움이 없거나 일상적인 것일 때
- 프리젠터와 조직에 긍정적이 경험이 있을 때
- 발표의 내용이 자신들이 원하는 목표를 달성하는 데 유리한 대안일 때 행동_{결정}을 한다. 그리고 프리젠터는 발표 중간 중간 또는 마무리할 때 청중_{고객}에게 기대하는 행동을 과감하게 요청하여야 한다.

3.2 청중고객의 동기 부여

프리젠터는 자신에게 주어진 프리젠테이션 시간 동안 청중고객의 주의를 집중시켜야 한다. 발표시간의 길고 짧음보다는 프리젠터가 사용하는 용어, 청중고객에게 전달하는 메시지의 가치 등이 청중고객을 발표에 몰입하게 한다. 모든 청중고객이 프리젠터가 생각하는 만큼 메시지에 중요성을 두고 있을 것이라 추측하지 말라. 때로는 청중고객은 어쩔 수 없이 참석을 하였거나, 다른 대안에 더 가치를 두고 있을 수도 있다. 이러한 사실들이 청중고객의 흥미를 떨어뜨리기도 하고, 프리젠터를 힘들게 하기도 한다. 하지만 모든 청중고객이 집중을 하도록 유도하고 프리젠터가 가진 생각만큼이나 흥미를 갖는다면 프리젠테이션의 가치를 떨어뜨리지는 않을 것이다. 이 능력은 누구든지 쉽게 습득할 수 있는 커뮤니케이션 표현의 스킬이다.

청중고객이 어떠한 상황이든, 그들이 어떤 심리 상태이든 프리젠터에게는 청중고객의 흥미를 이끌어 내고 주의를 사로잡는 능력이 요구된다.

① 청중(고객)의 주의를 끄는 몇 가지 방법

1) 순서를 매겨라

프리젠터는 발표를 하면서 앞으로 발표가 어떻게 어떤 순서로 전개가 되고, 몇 개의 핵심으로 구성되어 있음을 알려줌으로써 청중고객의 주의를 잡을 수 있다.

예 세 개의 요점으로 진행을……. 첫 번째 요점은…….

2) 반복하라

반복된 표현은 중요성을 강조한다.

예 열 개의 이익, 즉 이번 프로젝트의 이익으로 열 개의…….

3) 강조하라

명확하게 핵심을 강조하는 표현을 함으로써 흩어진 청중고객의 주의를 끌 수 있다.

예 특히 중요한 요소는……. 다시 강조하자면…….

4) 바꾸어서 말하라

동일 내용을 다르게 표현함으로써 흥미를 끌고 이해의 수준을 올리며, 쉽게 수용하도록 돕는다.

예 다른 시각으로 본다면…….

5) 집중시켜라

예 먼저 가장 강점으로부터…….

6) 다리를 놓아라

핵심, 요지에 대한 설명을 한다는 사실을 알려 줌으로써 흥미를 자극해 집중하도록 한다.

예 원인을 알아보았습니다. 이제 그 해결책으로…….

7) 질문을 하라

질문은 청중고객의 답을 요구하는 질문과 청중고객의 답을 요구하지 않으면서 프리젠터의 질문에 대해 청중고객 각자가 그 답을 생각하도록 하는 것이 있다. 여기서는 청중고객의 생각을 한곳으로 모으는 질문을 하는 것을 의미한다.

예 자 그럼 어떤 대안이 최선의…….

8) 초대하라

발표 내용으로 청중고객을 끌어들이는 것이다.

예 여러분이 우리의 입장이…….

2 추가적인 주의집중 팁

1) 아이디어의 흐름

첫째, 둘째, 셋째…… 마지막으로…….

2) 각 부분(요소, 소재, 요지)의 마무리

요약하면, 지금까지 말한 것은⋯⋯.

3) 중간 질문 요청

질문이 있습니까? 이것에 대해 질문이 있습니까?

4) 새로운 요지의 시작

자 다음은, 두 번째 요지로⋯⋯.

5) 핵심 내용의 탐험

○○○에 관하여, ○○○의 관점으로는⋯⋯.

6) 아이디어 추가

이것에 덧붙이면, 더욱이, 그 위에, 그래서

7) 여담

잠시 시각을 바꾸어, 그런데, 여담이지만⋯⋯.

8) 돌아가기

자 본론으로 돌아와서,

9) 극적 단어

전체적이고 절대적이며 완전한 재난은⋯⋯.
뛰어나고 엄청나며 괄목할 만한 성공은⋯⋯.

10) 핵심 단어 강조

11) 대조

어제는 □ □ □, 오늘은 △ △ △

실제는 ○ ○ ○, 사실은 ◇◇◇

③ 청중(고객)의 동기부여 방법

1) 5단계 방법

- 1단계: 관심 끌기 - 청중고객의 관심을 자극한다.

  ○○○한 문제를 간과한다는 것은 미래를 준비하는 과정에서 우리에
  겐 중대한 실수였다.

- 2단계: 필요 자극하기 - 관심이나 문제에 초점을 맞춘다.

  우리가 지속적인 성장을 하고 경쟁력을 갖추기 위해서는 ○○○에
  집중을 하여야 한다.

- 3단계: 만족시키기 - 문제에 대한 해결방안을 제시한다.

  따라서 ○○○한 문제의 해결을 위해서는 ○○○와 ○○○의 방법
  을 추천한다. 이것으로 비용은 ○○○원을 줄일 수······.

- 4단계: 시각화하기 - 청중고객에게 당신이 제안한 이점을 강
  조함으로써 그들이 자신들의 문제를 해결하고 그 결과 누
  릴 수 있는 이익을 보도록느끼도록 한다.

  ○○○을 실행함으로써 ○○○와 ○○○한 이익을 누릴 수 있을
  것이다.

- 5단계: 조치를 강조한다. 당신의 결론에 대해 청중고객이 해야 하는 행동을 강조한다. 모든 프리젠테이션의 최종 결과이다.

  결론적으로 ○○○한 이익을 위하여 ○○○께서 ○○○한 조치행동를 취하기 바란다.

2) AIDA

청중고객에게 동기를 부여하는 또 하나의 방법으로 가장 많이 활용하는 구조이다.

- A: ATTENTION – 주의 끌기. 현재의 상황을 증거와 자료를 갖고 청중고객에게 전달하고 그 결과의 모습도 보도록 한다.

  현재 ○○○한 문제와 상황으로 ○○○한 비용이 지불되고, ○○○한 문제가 지속적으로 발생한다.

- I: INTERESTING – 흥미 끌기

  귀하가 ○○○한 문제를 해결하고 ○○○한 비용을 절감할 수 있는 방법을 실행한다고 생각해 보아라.

- D: DESIRE – 욕구 자극하기

  우리는 귀하가 충분히 ○○○한 조치를 취하는 데 기술과 노하우를 갖추고 있다. 그 증거로서는 ○○○가 있다. 귀하의 경쟁사인 ○○○기업도 지난해 우리의 해결안을 도입해서 ○○○한 이익을 누리고…….

- A: ACTION – 행동 요구하기

  귀하가 ○○○까지 결정을 하신다면 귀사에서도 ○○○까지는 ○○○한 이익을 누릴 수 있을 것입니다.

3) 충격 – 왜 – 사례 – 그래서

- IMPACT – 충격 주기. 현재의 명확한 위치와 문제를 언급한다.

  ○○○기업의 생산 비용이 비즈니스의 일반적인 상황과 비교를 했을 때 30%나 낮은 이유를 알고 있는가?

- WHY – 왜. 자극을 준다.

  귀사는 비용절감에 관심이 없는가? 비용을 절감함으로써 경쟁력을 갖출 수 있다면? 그 방법이 있다면?

- SAMPLE – 사례

  우리의 해결책이 다른 기업에 제공한 비용절감의 방법과 사례를 시각 자료를 통해…….

- CONCLUDE – 그래서. 구체적인 방법과 이익을 보여 준다.

  비용절감을 위한 우리의 방법을 채택함으로써 원가를 30% 절감하고 경쟁력을 강화하는 기회를 갖도록…….

4) 예(사례) – 취지 – 이유 – 증거

- 예사례

  프리젠터가 강조하고 싶거나 청중고객에게 요구하는 행동을 강화하기 위해 실제적인 사건 또는 사례를 생생하게 이야기한다.

  최근 ○○○한 경험 또는 기업의 요구가 실제로 존재한다.

- 취지

  프리젠터가 청중_{고객}에게 기대하는 행동을 구체적으로 요구한다.

  따라서 ○○○한 결정을 하는 것이 중요하다.

- 이유

  청중_{고객}이 프리젠터가 요구하는 행동을 했을 때 얻을 수 있는 이익을 강조한다. 이 이익은 프리젠터가 확실하게 보장할 수 있는 이익이어야 한다.

  결론적으로 ○○○한 결정을 함으로써 ○○○한 이익을 얻을 수 있을 것입니다.

- 증거

  프리젠터가 전달한 이익에 청중_{고객}이 확신을 갖도록 객관적인 증거자료를 제시한다.

  ○○○한 실제적인 사례 또는 전문가의 평가를 보시면……

청중_{고객}으로 하여금 당신의 발표에 집중하도록 하고 그 집중을 지속시키기 위한 방법은 다름이 아니라 '풍부하고 다양한 사례와 당신이 그들의 상황과 문제를 잘 알고 있고, 최선의 해결책을 갖고 있다는 확신'을 보여 주는 것이다. 당신의 메시지를 당신이 가진 것만큼이나 청중_{고객}이 중요하게 받아들이도록 만들어야 한다. 당신은 프리젠테이션의 결과_{설득}에 관심이 있지만, 청중_{고객}은 메시지가 자신들에게 제공해 주는 혜택과 해결하는 문제와 그 이익에 관심이 있다. 프리젠테이션 이후의 실행과 그 결과에 청중고객의 관심은 집중되어 있다. 따라서 위에서 알아본 것 중 어떠한 방법을 사용하든 당신은 청중고객 중심의 프리젠테이션을 할 수 있어야 한다.

3.3 설득력 개발

　　　　　프리젠터의 궁극적인 목적은 청중고객을 설득하는 것이다. 설득은 프리젠터가 기대하는 행동 또는 조치를 청중고객이 하도록 하는 것이다. 당신은 프리젠터로서, 또는 일반적인 대화에서 상대방을 설득하는 데 얼마나 자신이 있는가? 설득이 어려운 이유는 어디에 있다고 생각하는가? 지금 당장 당신 옆에 있는 누군가를 설득해 당신이 기대하는 행동을 하도록 해 보라.

　효과적인 설득력을 개발하기 위해선 먼저 커뮤니케이션에 대한 이해를 하여야 한다.

❶ 커뮤니케이션의 이해

커뮤니케이션이란 의사소통이다. 당신과 상대방이 서로의 정보, 지식, 아이디어 등의 메시지를 주고받는 과정이다. 이는 단순한 메시지의 전달서로가 하고 싶은 메시지의 전달로 끝나는 것이 아니다.

커뮤니케이션의 목적은 바로 상대방을 설득하는 것이다. 조직에서 일어나는 많은 커뮤니케이션 상황회의, 미팅, 발표, 상담, 업무 지시와 보고 등에서든 개인적인 생활에서 일어나는 커뮤니케이션이든 설득의 목적은 당신이 전달하는 메시지를 상대방이 당신과 같이 받아들이고 가치를 평가하며, 당신이 원하는 행동을 하도록 하는 것이다. 상대의 반응이 없거나 당신이 원하는 행동과는 다른 행동을 한다면 상대방은 당신의 메시지에 설득당한 것이 아니다.

조직생활에서든 개인생활에서든 커뮤니케이션이 원활하게 이루어지지 않는다면 조직의 활성화도, 개인의 활력적인 삶도 어려워진다. 특히 프리젠테이션을 하는 프리젠터가 설득력이 부족하다면 어떻게 되겠는가? 그 결과는 상상하기조차 싫을 것이다.

② 커뮤니케이션이 잘 안 되는 이유

대부분의 사람들은 자신의 커뮤니케이션 능력에 대해 별문제가 없다고 생각하거나 무엇이 문제인지 잘 모른다. 따라서 개발의 필요성에 대해 진지하게 고려하지 않는다. 당신은 프리젠테이션을 마친 후 청중고객이 당신이 원하는 결정을 내리지 않은 것에 대해 어떻게 생각하는가? 즉 당신은 지난 며칠간의 준비와 철저한 연습을 한 후, 심혈을 기울여 발표를 마쳤다. 당신이 생각해도 썩 괜찮은 프리젠테이션이다. 당신은 당연히 청중_{고객}이 당신의 메시지를 당신이 원하는 대로 해석하고 거기에 부합하는 결정을 내릴 것이라 확신한다. 그런데 그 결과는 전혀 다른 결정이 이루어진다. 왜 이런 일이 발생하였는가? 당신이 원하는 결과가 나오지 않은 것에 대해 어떻게 받아들이고 피드백을 하는가? 청중_{고객} 탓으로 생각하는가? 아니면 자신의 탓으로 생각하는가? 대부분은 '왜 청중_{고객}이 내 메시지를 제대로 받아들이지 않는 거야?', '왜 그들은 나의 발표내용과 해결안에 대한 가치를 모르지?' 등등의 반응을 보일 것이다. 즉 자신에게는 아무런 문제가 없고 자신의 메시지를 올바르게 해석하지 못한 청중_{고객}이 잘못이라고 생각하면서 프리젠테이션의 실패에 대한 위안을 삼는다.

여기서 중요한 것은, 청중_{고객}이 당신이 원하는 결정을 내리지 않은 것은 당신이 그들을 설득하는 데 실패하였기 때문이다. 당신의 경쟁자가 누구든, 어떤 조직이든 당신은 그들보다 효과적인 설득을 하지 못한 것이다. 즉 당신이 프리젠테이션을 얼마나 잘 진행하였는가는 청중_{고객}을 설득하는 데 성공하였느냐의 여부가 결정한다. 청중_{고객}은 왜 당신이 원하는 대로 당신의 메시지를 받아들이지 않았는가? 그 이유를 알아야 한다.

1. 커뮤니케이션 사이클

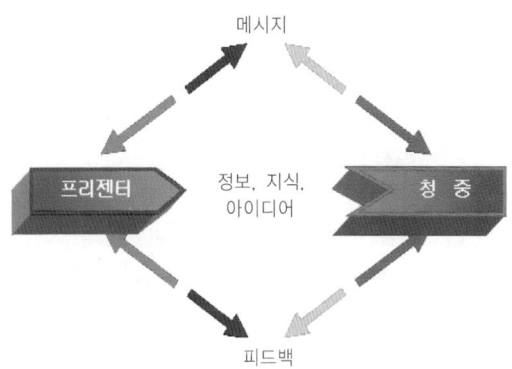

위 그림과 같이 커뮤니케이션은 프리젠터와 청중고객 사이의
흐름이다. 프리젠터가 전달하는 메시지정보, 지식, 아이디어 등를 청
중고객은 듣고 반응피드백을 보이며, 그 반응을 프리젠터는 해석
하면서 청중고객의 이해 정도를 판단한다. 따라서 프리젠터의
메시지와 청중고객의 반응피드백이 일치하면 성공적인 커뮤니케
이션이 이루어진 것이다. 하지만 많은 경우 프리젠터의 메시
지와 청중고객의 피드백이 다르다. 그 이유는 다음과 같다.

2. 커뮤니케이션 필터

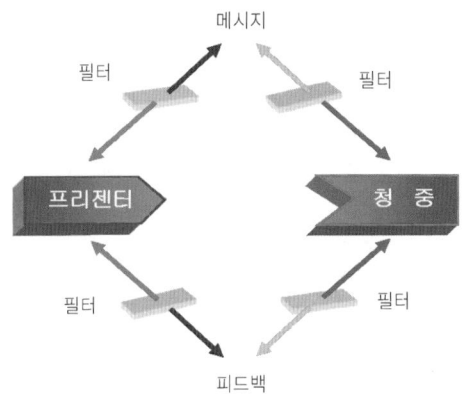

위의 그림에서 앞 페이지의 그림과 다른 것을 발견하였는가? 물론 발견하였을 것이다. 앞 페이지 그림과의 비교에서 다른 것은 '필터'라는 것이 있다는 것이다. 프리젠터도, 청중 고객도, 그리고 이 글을 읽는 당신과 이 글을 쓰는 필자도 모두 각자의 필터를 갖고 있다.

이 필터는 자신에게 전해지는 모든 메시지와 외부의 자극들을 해석하고 이해하는 방법을 말하는 것이다. 이 필터는 사람마다 다르다. 물론 비슷한 경우도 있고 내용과 상황에 따라 서로가 필터를 맞추기도 한다. 하지만 근본적으로 사람마다 가진 필터해석기재는 다르다.

프리젠테이션을 하는 상황이든, 일반적인 커뮤니케이션 상황이든, 서로가 차이가 나는 필터를 갖고 있음을 인식하고 그 필터를 맞추는 쪽으로 커뮤니케이션말하기와 듣기을 한다면 메시지에 대해 잘못 이해하거나 오해하는 경우를 줄일 수 있다. 오해를 줄이면 좋은 인간관계, 협력, 상호지원 등의 많은 혜택이 있다.

:: 필터가 발생하는 원인

상황/환경　제스처　선입관　시간　인식과정　문화　심리상태　지식등

　필터가 존재하는 이유는, 사람은 누구나 살아오면서 겪은 경험과 교육, 읽은 책, 만난 사람들, 가족환경, 조직문화, 개인의 성공과 실패 등의 경험과 그것들을 해석하고 받아들인 것에 따라 세상을 바라보고 해석하는 방법이 다르기 때문이다. 이러한 것들이 필터를 만들고 동일한 메시지의 해석 차이를 만드는 것이다.

그러면 프리젠테이션에서 필터가 중요한 이유는 무엇인가? 당신이 현명하다면 이미 깨달았을 것이다. 깨닫지 못하였다면 당신은 며칠의 시간과 노력을 투자해 준비하고 연습한 프리젠테이션이 원하는 목표를 달성하는 데 실패할 수 있다. 즉 청중고객을 설득하는 데 실패를 한다는 것이다. 원인은 여러 가지가 있을 수 있다. 하지만 가장 중요한 원인 중 하나는 당신의 메시지를 청중고객이 당신이 생각하는 것만큼 가치 있는 것으로 받아들이지 않았기 때문이다. 이유는 그들이 당신의 메시지를 자신들 나름대로 해석하였기 때문이다. 이는 당신 역시 자신의 해석대로 프리젠테이션을 진행하였음을 의미한다. 즉 당신도 청중고객의 필터를 고려하지 않은 것이다. 당신이 프리젠테이션을 준비하면서 청중고객이 가진 필터를 이해하고, 그들이 원하는 메시지를 만들지 않았다면 그들을 설득하는 것은 요원한 일이 된다. 이는 프리젠터에게 청중고객 중심의 용어와 단어 그리고 표현을 사용하라는 중요한 교훈을 준다.

다음의 사례를 보도록 하라.

자신의 낡은 농장을 현대화하려는 한 농부가 농촌진흥청에 보일러 파이프 청소에 염산을 써도 되는지 묻는 편지를 보냈다.

편지 1: 반응과정의 불확실성으로 인하여 알칼리가 포함된 곳에서는 염산의 사용이 바람직하지 않습니다.

농　부: 조언에 감사하며 염산 사용의 안전함을 알게 되어
　　　　기쁘다는 편지를 보냄
편지 2: 우리는 불확실성이 있음으로 해서 염산의 사용이 부
　　　　적절하다는 결정을 알려드리지 않을 수 없습니다.
　　　　염산이 염화물 반응을 일으킬 것입니다.
농　부: 바쁜 가운데도 친절한 답변에 감사드리며, 염산 사
　　　　용이 안전함을 알게 되어 기쁘다는 편지를 보냄
편지 3: 쓰지 마세요. 파이프에 구멍이 뚫립니다.

　필자가 강의를 하면서 위의 내용을 보여 주면 모두가 웃음을 터뜨린다. 물론 필자도 함께 웃는다. 하지만 문제는 편지 3이 농부에게 도착할 때까지 농부는 염산을 사용하였다는 것이다. 그래서 환경오염이라는 엄청난 일이 발생하였다. 그 원인과 책임을 따지자 농부도, 농촌진흥청 직원도 서로 책임을 전가한다. 농촌진흥청 직원은 편지쓰지 말라는를 보냈다고 하고, 농부는 편지를 받아 읽어 보았지만 어디에도 염산을 사용하지 말라는 표현이 없었다고 할 것이다. 누구에게 책임이 있고 잘못이라고 생각하는가?

　위 사례에서, 마지막 답을 보여 주지 않고 질문하면 절반은 농부의 책임, 다른 절반은 농촌진흥청 직원의 책임이라고 한다. 이러한 답 또한 서로가 가진 커뮤니케이션의 필터이다. 당신이 전달하는 메시지를 청중이 위와 같이 전혀 다르게 해석한다면

어떻게 되겠는가? 그렇게 해석을 한 청중_{고객} 잘못으로 책임을 전가한다면 당신은 원하는 것을 얻을 수 없을 것이다. 때로는 그것이 청중_{고객}에게는 아무런 문제가 되지 않는다.

당신의 최근 경험_{성공이든,} _{실패든}을 토대로 필터의 중요성을 잊지 말기 바란다.

:: 필터 제거 또는 일치를 위해

청중_{고객}이나 상대방이 가진 필터의 제거를 위해서는 항상 다음의 질문을 던지고 그 답을 찾도록 하라.

- 그들의 지식 수준은?
- 그들이 가지고 있는 목표는?
- 가치관이나 선입견은 무엇인가?
- 그들의 현재 상황과 입장은?
- 그들의 우리에 대한 태도는?
- 이번 제안_{발표}에 대한 그들의 입장/인식은?
- 그들의 커뮤니케이션 스타일은?

당신이 심혈을 기울여 실행하는 프리젠테이션에 커뮤니케이션 필터를 제거하거나, 서로의 필터를 일치시키려는 작업이 빠진다면 청중_{고객}에게 발표를 하고 있지만 실제는 벽을 바라보고 발표를 하는 것과 마찬가지이다. 프리젠테이션의 성패는 **'당신이 얼마나 발표를 잘 하였느냐가 아니고 청중_{고객}이 당신**

이 원하는 행동 또는 결정을 내리는가의 여부에 달려 있는 것이다.'라는 것을 잊지 않도록 하라.

③ 설득력을 강화하는 방법

1. 설득의 핵심

당신은 설득을 잘 하는 편인가? 아니면 설득을 잘 당하는 편인가? 설득을 하는 것이 이익인가? 아니면 설득을 당하는 것이 이익인가? 이 질문은 필자가 강의를 하면서 자주 던지는 질문이다. 이익 부분에 있어서 대분의 참가자들은 설득을 하는 것이 이익이라고 대답한다. 그러면 '설득을 당하는 것은 손해인가?'라는 질문을 하면 참가자들은 망설이거나 대답을 하지 못한다. 당신은 어떻게 생각하는가?

당신이 일하는 부서 직원들이 오랜만에 회식을 하려고 한다. 모두들 오랜만에 하는 회식이라 메뉴를 선정하는 데 신경을 쓰고 있다. 당신도 평소에 먹고 싶었던 음식을 먹고 싶다. 당신은 다른 구성원들을 어떻게 설득할 것인가?

설득은 '상대방을 움직여서 당신이 원하는 행동과 판단을 하도록 하는 것'이다. 설득이 어려운 이유는 당신이 말을 못해서가 아니라 상대방을 움직여야 하기 때문이다. 당신은 무엇 때문에 다른 사람이 요구하는 행동을 하는가? 가시적이든 비가시적이든, 말로 표현을 하든 묵시적이든 당신이 다른 사

람의 요구대로 행동을 하는 것은 그 행동을 통해 상대방으로
부터 얻고자 하는 것이 있기 때문이다. 가족 사이에는 사랑
이, 조직과 상사에게는 자신의 능력에 대한 인정을, 동료 간
에는 신뢰를, 당신을 찾아온 영업사원에게는 그 영업사원이
판매하는 제품이 주는 혜택과 그 혜택이 당신의 문제를 해결
하거나 욕구를 충족시킬 수 있다는 확신 때문일 것이다. 당신
의 행동이 100% 당신에게 피해를 가져온다면 상대가 누구든
당신은 그 행동을 하지 않거나 아주 소극적으로 할 것이다.
무엇 때문에? 바로 당신이 기대하는 이익이 없기 때문이다.
이것이 설득의 핵심이다. 설득의 첫 번째 핵심, 즉 '상대방이
얻을 이익'을 중심으로 이야기해야 한다.

　그런데 현실에서 대부분의 사람들은 이러한 사실을 무시하
고 반대의 메시지로 설득을 하려 한다. 지금 누군가가 당신을
설득하려 한다. 그 사람이 하는 이야기의 대부분은 자신이 얻
기를 바라는 이익을 중심으로 이야기를 할 것이다. 그 이야기
를 듣는 당신은 그 이익에 관심이 없다. 당신은 당신이 얻을
수 있는 이익해결하는 문제에만 관심이 있다.

　따라서 청중고객을 움직이고, 그들이 당신이 원하는 결정을
하도록 설득을 시도하는 당신은 그들이 당신의 메시지를 통
해 얻을 수 있는 이익과 해결할 수 있는 문제와 그 혜택을
논리적이면서 합리적증거자료, 사례, 전문가 증언 등을 통해으로 전달하
여야 한다. 물론 그 이익은 당신이 모든 책임을 지고 보장할

수 있는 것이어야 한다. 이것이 설득의 두 번째 핵심이다.

2. 설득의 준비

당신이 청중고객을 설득하기 위해서는 그들이 원하는 것해결하고자 하는 문제, 채우고자 하는 욕구들을 알아야 한다. 이것을 청중고객이 가진 니즈라고 한다. 당신이 원해서든, 청중고객이 원해서든 당신에게 프리젠테이션을 하도록 시간을 허락한 것은 그들이 원하는 무엇인가가 있기 때문이다. 당신은 고객이 가진 그 무엇니즈을 찾아내야 한다.

조직 내부서 내 또는 부서 간에서 실시하는 프리젠테이션에서도 당신의 발표를 듣는 참석자들의 니즈를 아는 것이 중요하다. 하지만 당신이 영업사원으로서 고객 앞에서 실시하는 프리젠테이션이라면 고객이 가진 니즈는 더욱 중요한 요소이다. 한 번의 올바른 프리젠테이션은 비즈니스의 성공을 가져오기도 하지만, 실패한 프리젠테이션은 다음의 기회조차 없앨 수 있기 때문이다. 물론 당신이 영업사원으로서 니즈를 발굴하지 않은 채 고객을 설득하거나 프리젠테이션을 하지는 않을 것이다. 왜냐하면 당신은 유능한 영업사원이니까.

청중고객의 니즈를 발굴하는 것이 설득의 모두는 아니다. 그 니즈를 채워 줄 수 있는 솔루션을 만들어야 한다. 솔루션의 구조는 다음과 같다.

니즈: 청중고객 또는 고객이 프리젠테이션을 듣는 이유. 그
　　 들이 가진 욕구 또는 해결하고자 하는 문제.

사실: 영업사원 또는 프리젠터가 전달하는 메시지 내용. 영
　　 업의 경우 고객의 니즈를 채워 줄 수 있는 상품의 특
　　 성, 기능, 조직의 능력 등으로 하나의 니즈에 복수의
　　 사실 또는 복수의 니즈에 한 가지 사실이 접목된다.
　　 이의 구성은 뒤에서 알아본다.

이익: 청중고객 또는 고객이 프리젠터가 제시하는 사실들을
　　 수용하고 결정을 했을 때 얻을 수 있는 이익으로 니즈
　　 의 충족 결과와 그 모습.가시적 이익, 비가시적 이익

증거: 프리젠터가 제시한 이익을 보장하는 내용으로 전문가
　　 의 증언, 통계자료, 시연, 시범, 권위 있는 기관의 증
　　 명서 등.

프리젠터는 어떠한 상황과 목적의 프리젠테이션이든 위의
솔루션 구조에 맞는 메시지를 준비해야 한다.

3. 설득의 구조

청중 또는 고객의 니즈를 중심으로 솔루션 개발을 마친 프리젠터는 그 솔루션을 청중_{고객}에게 전달하여 그들을 설득하여야 한다. 솔루션을 전달하는 방법은 앞에서 청중_{고객}에게 동기를 부여하는 방법 중 자신에게 가장 적합한 것을 활용할 수 있다.

1) 5단계 방법
2) AIDA
3) 충격 - 왜 - 사례 - 그래서
4) 예_{사례} - 취지 - 이유 - 증거

위의 4개를 가장 적절하게 조합하여 고객을 설득하는 프리젠테이션의 설득 구조는 아래의 그림과 같다. 이 구조에 대해선 뒤의 제5장 프리젠테이션 실제에서 자세히 살펴보기로 한다.

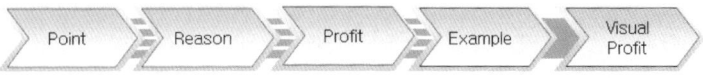

제4장 메시지 준비

4.1 메시지 준비의 조직적 접근

당신이 **프리젠터**로서 개인적인 준비
태도, 자신감, 메시지에 대한 확신, 열정 등를 마치고 청중고객에 대한 이해
그들이 해결하고자 하는 문제, 채우고자 하는 욕구, 그들이 설득을 당할 이익, 그들의
수준, 필터 등를 넓혔다면, 이제는 청중고객을 설득해 당신이 원하
는 목적을 달성하기 위한 소재인 메시지를 준비하여야 한다.
메시지를 준비하기 위해서는 적절한 정보 수집, 정보의 논리적
인 가공MECE, 연역적, 귀납적, 청중고객 중심 용어 선택, 적절한 시
각자료도형, 도표, 그래프, 색, 동영상 등 만들기, 적절한 매체 선정 등
이 필요하다.

① 메시지 준비 4요소

1. 계 획

계획은 프리젠테이션에 대한 전체적인 구조를 다루는 것이
다. 당신이 어떻게 계획을 세우는가에 따라 프리젠테이션의

방향이 설정된다. 당신이 성취하고자 하는 목표는? 당신의 발표를 듣는 청중고객은 어디에 관심이 있는가? 그들의 수준과 특징은? 어떻게 그들이 당신의 아이디어를 수용하도록 할 것인가? 등에 대한 답을 찾는 것이다.

:: 효과적인 계획을 위해

① 당신의 목표와 전하고자 하는 기본 메시지를 정리하라.
② 청중고객 가운데 주요 구성원을 파악하라. 그들의 지식, 경험, 영향력, 관심, 발표에 대한 생각 등을 확인하라.
③ 개인, 팀, 조직의 필요와 압력을 인식하라.
④ 당신의 계획안이 제공할 이익을 확인하라.
⑤ 당신이 원하는 결과를 위해 청중고객이 미리 알아야 할 것 또는 경험하여야 할 것을 밝혀라.
⑥ 5W 1H에 준하는 질문을 하고 답을 찾아라.
⑦ 세부지침: 발표유형과 시간, 사용할 도구, 장소, 예산, 지원, 제공 자료의 형식 등을 확인하라.

:: 목표확인

당신이 프리젠테이션의 성패를 알 수 있는 수준을 정의하라.

목 표	수 준	최종 결과: 청중(고객)의 행동
설득	행동이나 태도의 변화	• ○○○한 결정 • ○○○한 지원 약속
정보제공	청중(고객)의 지식이나 능력의 변화	• ○○○에 대한 요소 파악 • 5분 내 ○○○의 올바른 작성 • 논리적인 설득 프로세스 이해
격려	동기부여 강화, 열정 개발 등	• 새로운 도전의 시작 • 신규 프로젝트 실행 계획

당신이 얻고자 하는 프리젠테이션의 결과를 이해하고 그 수
준달성 여부의 판단기준을 미리 정하는 것은 앞으로 당신이 프리젠
테이션을 준비하는 데 결정적인 역할을 한다. 당신이 발표를
하는 도중에, 또는 발표를 마친 후 청중고객이 보여야 하는 행
동을 이미지화함으로써 당신의 자신감을 더 키울 수 있는 것
이다.

:: 프리젠테이션 아젠더와 마인드맵

프리젠테이션을 계획하는 데 활용할 수 있는 하나의 도구는
아젠더를 작성하는 것이다. 아젠더는 당신이 준비하고 실행할
프리젠테이션의 전체적인 개요를 글로 표현하는 것이다. 또 하
나의 도구는 프리젠테이션 마인드맵을 그리는 것이다.

아젠더는 글로 표현된 프리젠테이션 청사진이고, 마인드맵
은 좀 더 세밀하게 준비한 설계도이다. 이 둘을 작성하면서
당신은 프리젠테이션의 모든 프로세스를 알 수 있고 성공을
위해 집중해야 할 부분을 알 수 있을 것이다. 이 둘의 예로는

다음과 같다.

- 프리젠테이션 아젠더

- 회사명: 담당자: 전화:
- 주 제:

- 프리젠테이션 제목:

- 청중(고객)의 니즈:

    · 니즈에 대한 해결안:

- 날짜/시간:
- 참석자: 명 / 남(   ) 여(   ) 관심사항:
  직위: 교육(지식) 수준:
- 장소:
- 사용 기자재:
- 기타 필요한 기자재: 소프트웨어 종류:
- 유인물 형식: 논문식(   ) 프리젠테이션 형식:(   )
- 원고 마감일:
- 발표형태: 개인 (   ) 팀(   )
- 필요한 정보: 사내 –   사외 –

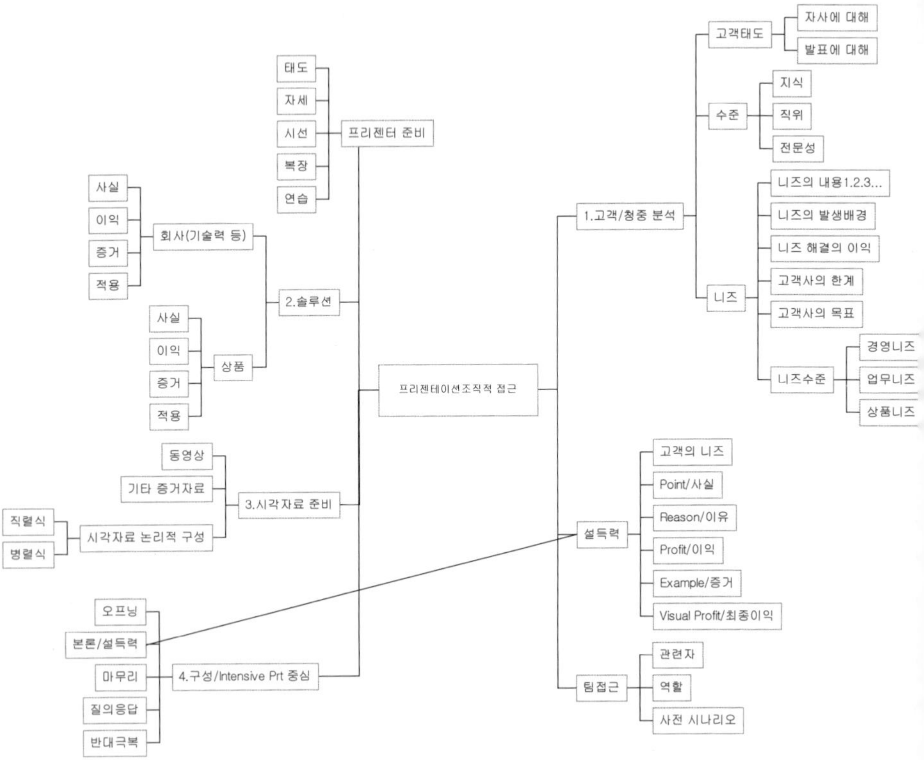

```
                                                          ┌─ 자사에 대해
                                              ┌─ 고객태도 ─┤
                                              │            └─ 발표에 대해
                          ┌─ 태도             │            ┌─ 지식
                          ├─ 자세             │            │
                          ├─ 시선 ─ 프리젠터 준비│    ┌─ 수준 ─┤─ 직위
                          ├─ 복장             │    │       └─ 전문성
            ┌─ 사실       └─ 연습             │    │       ┌─ 니즈의 내용1.2.3...
            ├─ 이익                           │    │       ├─ 니즈의 발생배경
            ├─ 증거 ─ 회사(기술력 등)          │ 1.고객/청중 분석 ┤
            └─ 적용                           │    │       ├─ 니즈 해결의 이익
                        ┌─ 2.솔루션           │    │       ├─ 고객사의 한계
            ┌─ 사실     │                     │    └─ 니즈 ─┤
            ├─ 이익     │                     │            ├─ 고객사의 목표
            ├─ 증거 ─ 상품                     │            │           ┌─ 경영니즈
            └─ 적용                           │            └─ 니즈수준 ─┤─ 업무니즈
                                     프리젠테이션조직적 접근            └─ 상품니즈
            ┌─ 동영상                         │
            ├─ 기타 증거자료                   │            ┌─ 고객의 니즈
            └─ 3.시각자료 준비                 │            ├─ Point/사실
  ┌─ 직렬식                                   │            ├─ Reason/이유
  ├─ 병렬식 ─ 시각자료 논리적 구성              │    ┌─ 설득력 ─┤─ Profit/이익
                                             │    │       ├─ Example/증거
            ┌─ 오프닝                         │    │       └─ Visual Profit/최종이익
            ├─ 본론/설득력                    │    │
            ├─ 마무리 ─ 4.구성/Intensive Prt 중심│    │       ┌─ 관련자
            ├─ 질의응답                       │    └─ 팀접근 ─┤─ 역할
            └─ 반대극복                                      └─ 사전 시나리오
```

〈그림 4-1〉 프리젠테이션 마인드맵

2. 구 성

이 단계는 당신이 준비한 프리젠테이션의 내용을 전달하기 위한 메시지의 논리적인 가공, 발표의 프로세스오프닝 - 본론 - 결론과 질의응답를 준비하는 단계이다. 각각에 대해서는 뒤에서 상세하게 알아보기로 하고 여기서는 구성을 하는 데 필요한 기본적인 내용들을 알아보도록 한다.

:: 구성을 위한 원칙

① 프리젠테이션은 서면보고와 다르다. 서면보고는 전체적인 스토리를 표현하지만 프리젠테이션은 핵심을 시각화해서 전달하는 것이다.

② 프리젠테이션은 핵심만 설명한다.

③ 작고 간결한 것이 더 효과적이다.

④ 요점결론을 먼저 강조하는 것이 좋은 방법이다. 시간이 없는 사람도 요점을 듣고 나머지 내용에 집중할 수 있다.

⑤ 예상하지 못한 시간적, 공간적 변화가 일어났을 때 여기에 유연하게 대응할 수 있어야 한다. 예정시간이 늘어나기도 하고 줄어들기도 한다. 장소 또한 변경 가능성이 있다.

⑥ 발표만큼 청중고객이 중요하다. 청중고객이 관심을 갖고 집중하도록 만들어야 한다. 청중고객의 의심과 불안은 곧 프리젠테이션의 실패를 부른다.

⑦ 당신이 전달할 주요 메시지와 정보의 보조 자료를 충분히 준비하여야 한다.

3. 보 강

당신이 기본적으로 준비한 메시지를 청중고객에게 설득력 있게 전달하기 위한 용어선택, 활용할 시각자료 준비, 동영상, 증거자료, 컬러 선정 등으로 당신의 발표를 좀 더 전문적이게 하면서 청중고객에게 호소력 있는 강력한 메시지를 강화하는 단계이다.

4. 연습

최고의 기술은 연습을 통해서만 습득될 수 있다. 프리젠테이션을 효과적으로 하는 능력도 기술이며 지식이 좌우하는 것이 아니다. 물론 기본적이고 올바른 지식은 당연히 갖추어야 한다. 무엇을 아는가는 무엇을 할 수 있는가의 출발점이 된다. 이 지식의 습관화가 기술이다. 이 기술은 연습을 통해 습관화되어야 전문가로서 기술이 나온다.

당신이 최고의 프리젠터가 되기를 원한다면 반복적인 연습을 끊임없이 해야 한다. 연습이 지나쳐 문제가 되는 경우는 없다. 혼자 연습을 하지 말고 피드백을 해 줄 동료 또는 상사와 연습을 하라. 그들의 피드백이 당신을 불편하게 만들지는 몰라도 당신의 기술 습득과 개발에 매우 유용할 것이다. 또한 가능하다면 비디오 녹화를 통해 스스로 피드백을 하도록 하라. 비디오상의 모습객관적인 모습이 청중고객에게 보여지는 당신의 모습이다. 어색한 부분은 개선하여야 한다. "연습만이 완벽함을 만든다."라는 말을 기억하라.

다음의 그림이 올바른 준비를 위한 조직적 접근 단계이다.

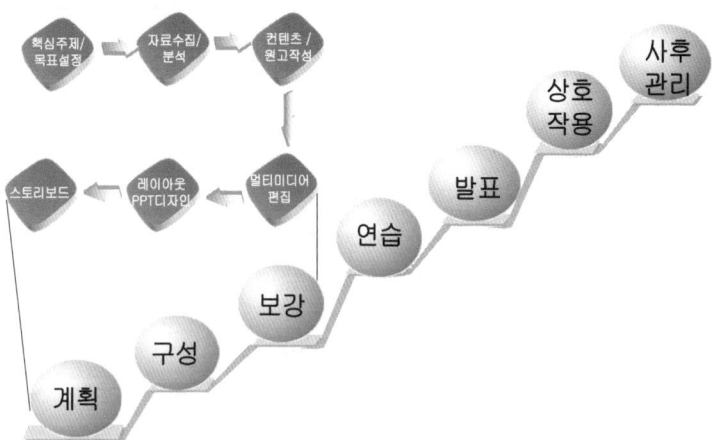

4.2 메시지의 논리적 구성

　　　당신은 **기업**에 입사를 한 지 두 달이 지난 신입사원이다. 오늘 출근을 하자 당신이 일하는 부서의 임원이 당신을 불러 '우리 회사 직원들이 정보를 입수하는 매체들을 정리해서 보고하라.'는 업무를 지시한다. 당신 회사 동료들이 정보를 수집하는 매체들을 정리하면 다음과 같다.

당신은 이 정보들을 어떻게 정리하여 임원에게 보고할 것
인가?

여기서 정보를 보고하는 데 있어 고려해야 할 사항은 정보의
내용이 중복되어서도 안 되고 중요한 정보가 빠져도 안 된다.
빠지지 않게 보고하는 것은 별 어려움이 없을 수 있지만모든 정보를
나열하면 된다. 중복되지 않게 하는 것은 다소 다르다. 이러한 정보를
가공하는 방법은 MECEMutually Exclusive, Collectively Exhaustive, 중복되지
않고 누락되지 않게 정보를 가공하는 것이다. 정보의 특성을 잘 파악할
필요가 있을 것이다.

:: MECE(Mutually Exclusive, Collectively Exhaustive, 중복되지
않고 누락되지 않게)

세계적인 컨설팅 그룹 매킨지에서 활용하는 정보의 체계적
인 분류 방법으로 정보를 특성별로, 또는 결과가 요구하는 속
성별로 파악해 정보를 가공하는 방법이다. 당신이 프리젠테이
션을 진행하면서 청중고객에게 전달해야 할 중요한 정보가 누
락되거나, 중요한 까닭에 당신도 모르게 지나치게 반복하거나
강조한다면 청중고객에게 부정적인 느낌을 줄 수 있다. 따라서
중요한 정보는 프리젠테이션의 목적과 청중고객의 기대에 맞
도록 체계적인 가공이 필요하다.

위의 정보수집 매체들을 정리할 때는 요일별 또는 날짜별,
정보의 내용으로 정리를 한다면 중복되는 매체가 나온다. 중
복된 정보는 보고의 양만 늘릴 뿐 논리적이지도 명확하지도

않다. 따라서 매체의 특성을 파악하는 것이 좋다. 따라서 일간지, 주간지, 월간지. 계간지, 분기 / 연간지 그리고 부정기적인 정보인터넷 등로 구분을 하면 논리적인 보고자료가 될 것이다.

① 정보의 가공 방법

정보를 메시지로 전환하는 데 가장 중요한 요소는 당신이 가진 정보사실들를 고객/청중이 가진 니즈를 해결하기 위한 솔루션과 일치시키는 것이다. 청중고객이 원하는 것은 그들이 가진 관심과 니즈를 해결할 수 있는 방법과 기술, 지식이다. 따라서 당신은 개인적으로든 조직적으로든 갖고 있는 많은 정보사실들 중 청중고객에게 필요하고 가치 있는 것을 중심으로 메시지를 만들어야 한다.

1. 직렬식

당신이 가진 요지사실들이 하나의 흐름으로 이루어지는 솔루션을 제시하는 방법이다. 즉 고객이 가진 니즈와 문제를 해결하기 위한 당신의 해결안들이 순차적으로 이루어져서 목표를 달성하는 과정을 보여 주는 구조이다. 이는 주로 단계별로, 또는 시간흐름에 따라 하나하나의 해결안들이 실행되어 문제를 해결하는 것을 보여 순다. 그 과성을 시각적으로 표현하면 다음과 같다.

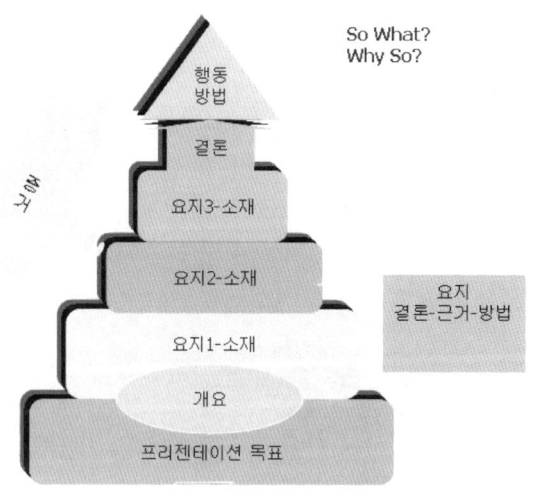

〈그림 4 - 2〉 직렬식

2. 병렬식

〈그림 4 - 3〉의 병렬식 구조는 MECE의 전형적인 방법으로 여러 개의 요지사실들이 동시에 작용을 해서 목표고객의 니즈 충족, 문제해결를 이루는 논리적인 구조를 보여 준다. 요지사실들은 별개로 작용하며, 하나하나의 직접적인 연관성은 적지만 최종적인 결론을 위해서는 반드시 행해져야 하는 것들이다.

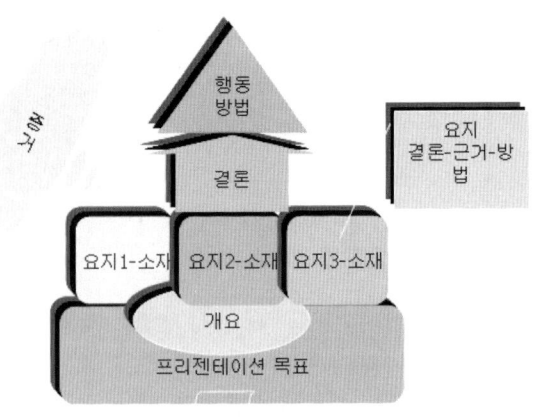

〈그림 4-3〉 병렬식

② 정보의 논리적인 전개를 위한 도구들

정보를 논리적으로 전개하기 위해 많이 도형들이 주로 활용된다. 다양한 도형들을 통해 더 논리적이고 설득력 있는 정보의 시각화가 가능하다. 여기에 많이 활용되는 몇 가지의 도구들이 있다.

다음의 도형들은 인터넷에서 쉽게 검색할 수 있는 메시지를 논리적으로 구성할 수 있는 시각자료도형의 예이다.

① 두 가지 조건에서 한 가지 결론 이끌기 1

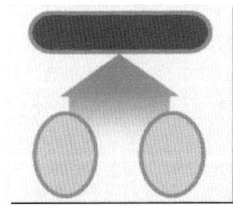

- 서로 다른 조건을 결합하여 더욱 효과적이고 발전적인(상위의) 결론을 도출할 때
- 장점, 문제점, 기본적인 특징 조합

② 두 가지 조건에서 한 가지 결론 이끌기 2

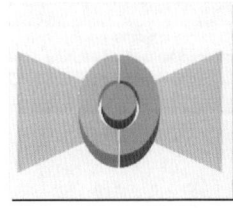

- 한 가지 개념에서 서로 다른 두 가지 개념이 파생, 전개되는 과정 설명
- 상위의 한 가지 개념에 하위의 두 가지로 구체화

③ 위로 갈수록 한 차원 높은 단계

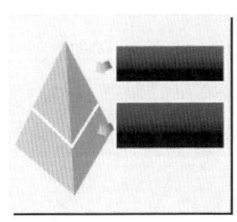

- 단계 또는 상호 위치, 우선순위를 잘 표현
- 아래에서 위로 단계 설명
- 각 단계별 설명 용이

④ 서로 다른 항목을 순서대로 나열

- 세 가지 이상의 항목을 나열하고 각 항목에 대한 구체적인 내용 서술. 항목들 간에는 연관성이 없음
- 도형 표현이 어려운 텍스트 슬라이드

⑤ 서로 다른 항목을 좌우로 나열

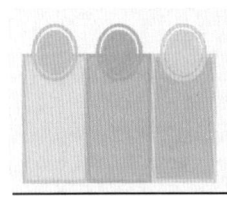

- 세 가지 이상의 독립된 항목을 좌우로 나열
- 서로 다른 항목의 비교가 용이하고, 시각적인 안정감

⑥ 항목별로 특징이나 의미를 나열

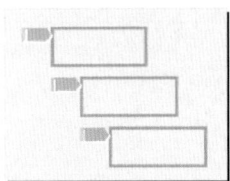

- 어떤 사건이나 사물을 분류하여 각각의 특징이나 의미를 나열할 때 - 속성의 하위개념들
- 왼쪽 내용을 오른쪽에서 설명
- 제품의 기능적 특성 및 고객서비스 표현

⑦ 각 항목에 대한 세부 표현

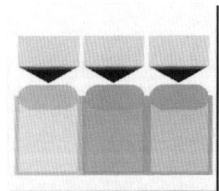

- 경과가 나오게 된 근거가 되는 여러 사안들을 순서대로 나열해 정확한 정보 전달
- 아래 도형에 구체적인 정보 서술
- 어떤 결과물에 대한 근거 정보 전달

⑧ 핵심적인 키워드 표현 - 1

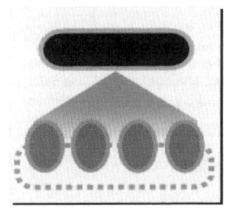

- 작은 요소가 여럿 모여 하나의 큰 결과
- 각 요소가 밑거름, 상호교환 과정을 거쳐 궁극적인 결과 유도

⑨ 핵심적인 키워드 표현 - 2

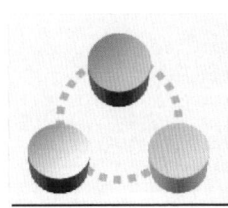

- 세 가지 핵심내용을 종합하여 하나의 결론

⑩ 핵심적인 키워드 표현 - 3

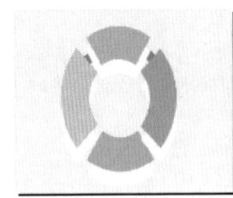

• 한 가지 주제에서 파생된 여러 가지 항목 설명
• 쉽고 간단명료한 핵심 전개

⑪ 반복적으로 행해지는 내용 - 1

• 서로 다른 세 요소가 맞물려 돌아감
• 삼각형 형태로 강한 이미지
• 세 가지 모두 균등하게 중요

⑫ 반복적으로 행해지는 내용 - 2

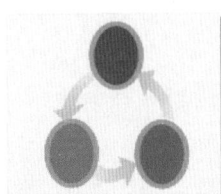

• 세 개의 균등한 조건이나 단계를 순차적으로 나타낼
  때 사용, 반복 / 순환 의미
• 세 가지 요소가 맞물려 견고한 구조가 형성되면 더욱
  큰 가치를 기대

⑬ 하나의 기반 위에 포함된 4가지 요소

- 전체적인 기반 하나를 두고 그 위에 장점 또는 문제점과 같은 네 가지 요소 나열
- 네 개의 기반 위에 각 요소 나열

⑭ 일반적인 텍스트 정렬

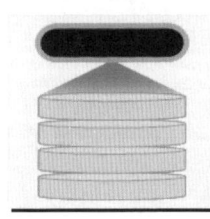

- 하나의 주제를 세부적인 여러 개로 부연 설명/특별하게 꾸밀 내용 없는 슬라이드
- 각 요소별 키워드만 제시

　도형을 활용해 메시지를 논리적으로 표현하는 것은 프리젠터의 논리적인 사고 능력을 보여 주는 것이다. 좋은 방법은 도형을 시각화하는 데 집중하지 말고 메시지의 논리성, 연관성, 구조, 흐름 등을 먼저 파악하여야 한다.

4.3 용어의 선택

앞에서 설명한 농장의 농부와 농촌진흥청 직원의 편지 내용을 기억하는가? 그 사례에서 양쪽_{농부, 농촌진흥청 직원}에 존재하는 필터 외에 또 하나 우리가 고려해야 하는 중요한 핵심은 청중_{고객}에 맞는 용어를 선택해야 한다는 것이다. 다음의 두 예를 보자.

1. 우리 함께 우주를 탐험하고, 사막을 정복하고, 질병을 몰아내고, 대양의 바닷속을 개발하고, 그리고 예술과 상업을 장려합시다.

2. 우리는 최근의 실수로 인해 국가의 근본적인 원칙에 대해 다시 생각해야 합니다. 왜냐하면 우리가 우리 정부를 경멸한다면 우리의 미래는 없다는 것을 알고 있기 때문입니다.

위의 두 연설문 중 당신은 어느 것이 더 설득력이 있다고 생각하는가? 필자가 강의를 하면서 참석자들에게 질문을 하면 대부분 아래쪽의 연설이 더 설득력이 있다고 한다. 물론 틀린 답은 아니다. 위의 두 연설은 미국의 대통령들이 국민에게 한 연설이다. 위의 것은 J. F. 케네디의 연설_{우주 개발 프로젝트를 실행하면서}이고 아래의 것은 지미 카터의 연설이다. 둘 다 훌륭한 연설이다. 하지만 청중_{고객, 국민}을 움직이는 힘은 위의 연설이 더 강력하다는 것이다.

그것은 사람의 감성에 호소를 하느냐 이성에 호소를 하느냐의 차이이다. 사람을 움직이기 위해서는 이성보다는 감성에 자극을 주는 것이 훨씬 강력한 설득력이 있다고 많은 커뮤니케이션 학자들은 이야기한다.

당신도 프리젠테이션에서 청중_{고객}을 움직여야 하는 입장에 있다. 따라서 이성적인_{개념에 근거한} 단어보다는 감성적인_{이미지에 근거한} 단어를 활용하면 더욱 설득력 있는 프리젠테이션이 될 것이다.

이미지에 근거한 단어	개념에 근거한 단어
땀	일
손	도움
뿌리	원천
열정	약속
탐색하다	조사하다
바위 같은	의지할 수 있는
성장하다	생산하다
여행	노력
변경	한계
경로	대안

이미지에 근거한 단어	개념에 근거한 단어
시끄럽게 요구하다	요청하다
달콤한	유쾌한
평온한	적절한
꿈	아이디어
상상하다	생각하다
경청하다	고려하다
보다	이해하다

또 하나 고려할 사항은 청중_{고객}의 스타일 또는 유형에 맞는 용어를 사용하는 것이다. 개인이 자신의 성격을 갖고 있듯이 조직도 조직의 성격을 갖고 있다. 그 성격에 맞는 용어를 사용한다면 좀 더 설득력을 강화할 수 있을 것이다.

:: 논리적이며 내향적인 성격: 분석적인 사람

이성적인, 검소한, 논리적인, 분석하다, 분별 있는, 동등한, 초점을 맞춘, 결론, 주의, 금전적인 감각, 신중한, 정당한, 세부사항, 지성, 고려하다, 통계적으로 보면, 평가하다, 유사한 것과 비교하면, 가치, 유용한.

:: 논리적이며 외향적인 사람: 리더형

결과, 성공, 신속한, 결정하다, 성취하다, 간단한, 거물, 정시에, 시간 안에, 간결한, 효과적인, 모험, 설득하다, 틀림없는, 독자적인.

:: 감각적이며 내향적인 사람: 붙임성 있는 사람

친절한, 예의 바른, 온화한, 기분 좋은, 사랑, 행복한, 함께 나누다, 염려, 관심, 만지다, 감동시키다, 느끼다, 천성, 조용한, 평온한, 배려, 흡족한, 외교적인, 교섭에 능한, 일관된, 지조 있는, 듣다.

:: 감각적이며 외향적인 사람: 사교적인 사람

재미, 활기, 정신, 행복한, 즐기다, 활동, 파티, 이벤트, 대화, 사랑, 발하다, 샘솟다, 나아가다, 쾌활한, 흥분한, 웃기는, 명랑한, 낙천적인.

물론 청중고객이 위의 4가지 성격 중 어느 하나만을 가지고 있지는 않다. 대부분의 사람들은 4가지 성격을 갖고 있다. 하지만 평소 사용하는 단어와 표현을 통해 자신의 주요한 성격을 드러낸다. 당신이 프리젠터로 청중고객이 선호하는 단어와 표현을 알 수 있다면 매우 도움이 될 것이다.

4.4 시각자료와 컬러

① 시각자료

프리젠터는 프리젠테이션을 하는 동안 청중_{고객}의 흥미와 집중을 끌고 유지하는 것이 얼마나 중요한 것인지를 알고 있다. 그들의 흥미와 집중이 소홀하게 다루어진다면 프리젠테이션의 목표를 달성하고자 하는 의욕은 단지 의욕으로 끝난다. 이를 극복하기 위해서 프리젠터는 청중_{고객}에게 보여 주는 메시지, 즉 시각자료를 만드는 데 매번 많은 시간을 활용한다. 시각자료를 효과적으로 만드는 것이 중요하다. 물론 시각자료가 청중_{고객}을 설득시키는 것은 아니다. 하지만 시각자료는 프리젠터의 메시지를 효과적으로 전달하는 매우 가치 있는 보조자료이다. 시각자료로 보여 주는 메시지가 때로는 프리젠터의 열 마디 말보다 강력하게 청중_{고객}에게 기억되고 설득력을 갖기도 한다. 그러므로 프리젠테이션의 연습에 투자를 하는 것만큼이나 시각자료를 만드는 데도 시간을 투자하는 것이 매우 중요하다는 것을 알아야 한다.

시각자료는 프리젠터 자신이 만들 수도 있지만 때로는 다른 전문가내부, 외부를 통해서 만들 수도 있다. 그렇다고 해서 프리젠터가 시각자료 만드는 데 개입을 하지 않아도 된다는 말은 아니다. 자신이 직접 제작을 하든, 다른 전문가에게 맡기든 프리젠터는 시각자료의 전체적인 구도와 전개방법, 구조를 만드는 데 결정적인 역할을 하고 그 책임 또한 프리젠터에게 있음을 알아야 한다.

1. 시각자료

다음의 가치가 있기 때문에 효과적인 프리젠테이션을 수행하는 데 필요한 도구이다.

① 말보다 내용 전달이 빠르다. 백 마디 말보다 한 번 보는 것이 낫다는 옛말이 진실임을 알도록 해 준다.

② 청중고객의 관심을 불러일으켜 집중하게 만든다.

③ 복잡한 내용을 쉽게 설명할 수 있다. 효과적인 시각자료는 프리젠터의 수많은 표현을 절약시켜 준다.

④ 보다 조직적이고 전문적인 프리젠테이션으로 보이게 한다.

⑤ 공식적인 회의에 적합하다.

⑥ 말로 발표한 내용을 보강하여 청중고객의 이해도를 올린다.

⑦ 딱딱하고 무거운 발표에 재미와 변화를 더한다.

⑧ 청중고객이 시각자료에 집중하여 발표장의 긴장감을 덜

어 준다.

⑨ 언어의 장벽, 국적과 문화가 다른 청중_{고객}에게도 효과적
이다.

⑩ 논란의 여지가 있는 주제일 경우 자신의 의견과 견해를
명확히 하는 데 도움이 된다.

⑪ 주요 요점이 나와 있어 프리젠터가 할 말을 잊었을 때
기억을 상기시킨다.

⑫ 제대로 만든 시각자료는 반복하여 사용할 수 있기 때문
에 다음 준비시간이 줄어든다.

2. 효과적인 시각자료를 작성하기 위해서는

① 제목의 길이는 5단어 이내로, 청중_{고객} 중심으로

② 1줄은 29글자 이내로

③ 1줄에 7단어 이내

④ 한 페이지에 7줄 이내

⑤ 7×7 규칙

⑥ 글씨의 크기는 36/24/18을 기준으로 하라.

⑦ KISS_{Keep it simple and shot}: 메시지는 단순하고 보기 쉽게

⑧ KILL_{Keep it large and legible}: 크고 읽기 쉽게

⑨ 부호와 머리글표 등은 단순하고 일관성 있게

⑩ 밝은 색 바탕에 검은 글씨

⑪ 약어 사용에 주의하라. 약어는 항상 전체를 기술해 주고

필요에 따라서는 자세한 내용을 기술해 주어야 한다.

　시각자료는 눈에 띄게 만들어야 청중고객이 흥미를 갖고 집중해서 본다. 이해하기 쉽게 만들어야 기억을 해 주며, 보기 쉽게 만들어야 청중고객이 본다는 단순한 사실을 잊지 말고 활용하여야 한다.

3. 시각자료 표현 방법

　시각자료로 활용되는 것은 도형, 그래프/도표가 대부분이다. 이러한 시각자료를 활용할 때는 그 표현 언어를 효과적으로 사용하여야 한다. 특히 프리젠테이션을 하는 내내 동일한 표현상승한다만 하면 청중고객은 표현에 식상함을 느낄 수 있으므로 동일한 결과일지라도 다음과 같은 다양한 표현을 활용하는 것이 좋다.

:: 상승한다는 것의 다양한 표현

　오르고 있다, 증가한다, 상승한다, 성장한다, 좋아진다, 회복된다, 가파르다.

:: 아래로

　내려간다, 감소한다, 떨어진다, 쇠퇴한다, 악화된다, 나빠지고 있다, 슬럼프다.

:: 다른 표현

안정을 유지한다, 정점에 다다랐다, 유동한다, 저점이다, 바닥을 친다.

:: 변화의 속도

빠르다, 극적이다, 안정적이다, 중요하다, 점진적이다, 느리다.

:: 변화의 정도

극적이다, 중대하다, 안정적이다.

다음의 그래프지난해 당신의 업무성과 결과를 보고 당신이 표현할 수 있는 대로 표현해 보도록 하라. 언어 사용도 하나의 습관이다. 우리는 늘 자신이 사용하는 단어로 쉽고 용이하게 표현한다. 따라서 다양한 표현을 위해서는 다양한 언어를 사용할 수 있어야 한다.

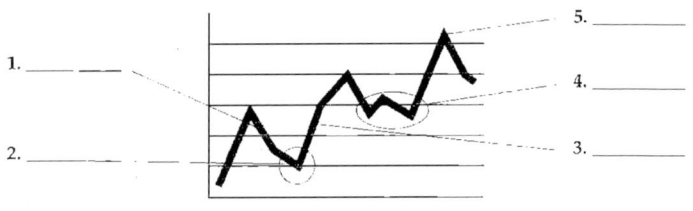

최근에는 컴퓨터의 활용으로 정적인 시각자료와 함께 동적

인 시각자료도 많이 이용하고 있다. 동영상이나 플래시 자료
등은 메시지를 보다 흥미 있게 하고 집중도를 강화할 수 있
는 좋은 시각자료들이다. 아래의 그림은 시각자료가 프리젠테
이션의 성과에 미치는 영향을 나타낸 것이다. 청중고객을 설득
하기 원한다면 논리적이고 명확한 시각자료를 준비해 프리젠
테이션을 하도록 하라.

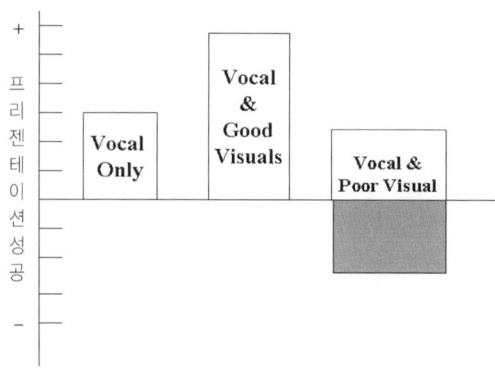

그래프 종류와 활용도

그래프	종류	활용도
y x	꺾은선형 그래프	• 꺾은 선을 이용해 수치 데이터의 추세를 보여 주는 그래프 • '월별 매출현황'처럼 시간의 흐름에 따른 수치의 변화 또는 추세를 표현할 때 유용 • 증권현황, 매출 추이, 판매 추이 등을 기록할 때 사용
y 2005 2006 2007 x	세로 막대형 그래프	• 막대를 이용해 시간 추이에 따른 수량을 비교할 때 쓰이는 그래프 • 막대형, 원통형, 삼각형 모양의 입체면을 응용해 표현하면 보다 효과적 • 경쟁사와 연도별 매출, 시장점유율 등을 비교할 때 유용

제4장 메시지 준비

그래프 종류와 활용도

	가로막대형 그래프	• 수직(y축)에는 항목을, 수평(x축)에는 수량을 나타내고, 수량 간의 관계를 강조하는 그래프 • 예를 들어 지역별 판매현황을 비교하려면 수직에는 지역을, 수평에는 판매량을 표기하면 쉽게 상황을 파악할 수 있음
	원형 그래프	• 전체를 100으로 보고 각 조각으로 비율을 표현하는 그래프 • 일반적으로 점유율 등을 표현할 때 도넛그래프와 함께 많이 쓰임 • 시장점유율, 매출점유율, 지지율 등을 표현할 때 사용
	대그래프 (누적 막대 그래프)	• 누적된 비율이 각각 100%로 되어 있어서 항목별로 비교할 때 매우 유용한 그래프 • 예를 들어 A, B, C 상품의 구성 비율을 지역별로 구분해 비교하면 편리
	피라미드 그래프	• 일정 조건 아래서 여러 요소들을 비교할 때 사용 • 한눈에 특정 요소들을 파악할 수 있어서 효과적 • 예를 들어 A지역과 B지역을 나누어 연령별 구매패턴을 비교하거나, 좌우를 남녀로 나누고 상품별 선호도를 분석할 때 활용
	레이더 차트	• 비교할 내용과 항목이 많을 때 적합함. 축은 최소 3개에서 최대 127H 정도가 좋으며, 축마다 구분할 명칭을 적어 넣음 • 분석할 항목이 지나치게 많아지면 도리어 산만하므로 5개 이내로 제한
	파레토도	• 중점관리(ABC 분석 등) 대상을 찾을 때 유용 • 20:80법칙 활용 • 데이터가 많은 순서대로 정리해서 중점관리 대상을 찾음 • 세로축에는 금액, 가로축에는 항목을 적되 10개 이내가 적당
	팬차트	• 일정 기간 동안 여러 항목 간의 변화를 측정할 때 사용 • 추세법을 그래프로 표현한 것 • 예를 들어 수년간 각 기업들의 매출액이 기준점에서 상승 또는 감소했는지 한눈에 알아보고자 할 때 유용

	Z차트	• 그래프가 Z형이어서 Z차트라고 함 • 변화의 패턴을 보여 줄 때 편리 • 예를 들면 맨 위쪽은 과거 1년간 누계치, 중간은 당 연도 월별 누계치, 맨 아래는 월별 실적
	플로우트 (부표) 그래프	• 물에 일부가 잠긴 듯한 느낌의 그래프 • 한 가지 항목에 두 가지 상반된 내용을 보여 줄 때 사용 • 특정 제품, 인물, 회사 등에 대해 지역별, 연령별, 직업별로 상반된 의견을 표현할 때 효과적
	매트릭스도	• 두 개의 지표를 활용하여 좌표를 나타내고 비교할 때 • BCG MAP, 제품 포지셔닝 맵 등

	꺾은선 그래프	막대 그래프	원 그래프	대 그래프	피라미 드 그래프	레이더 차트	파레토 도	팬차트	Z 차트	플로우 트 그래프	매트릭 스도
사물의 성격을 보여준다		○	○	○	△	◎			△	△	◎
분포상태를 보여준다	○	○			○	○	△			△	◎
전체에 대한 비율을 보여준다			◎	◎				◎			
순위를 보여준다	△	◎	○	○	○			○	△		
일정 조건 아래 요소를 비교한다	○	◎	○	○	◎	◎	◎				
변화 방식을 대비한다	◎	○		△					◎		△
시간적인 변화를 보여 준다	◎	○		△					○	◎	○

② 컬 러

프리젠터는 시각자료를 만들면서 시각자료에 활용할 색의 사용에도 주의를 기울여야 한다. 청중_{고객}의 이미지와 메시지의 느낌에 맞는 색을 활용한다면 더 매력적인 시각자료를 만들 수 있을 것이고, 청중_{고객}에게도 신선하고 우호적인 느낌을 전달할 수 있을 것이다.

1. 색상 사용의 원칙

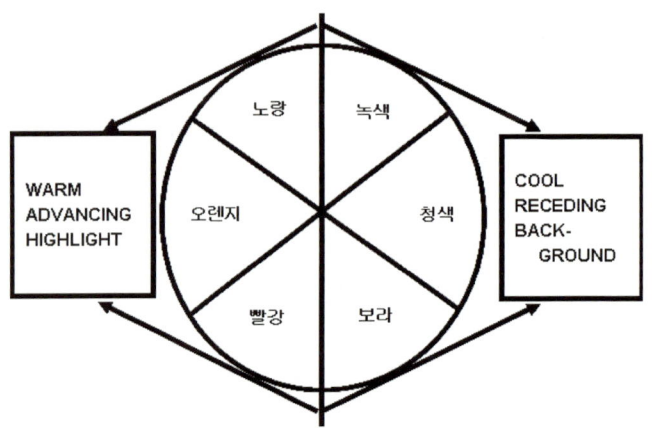

배경색	효과적인 글자 색	비효과적인 글자 색
Blue & Black	Yellow, White & Orange	Red, Black, Green, Lightblue
Green	White, Orange	Black, Yellow
Brown	Black, Yellow & Blue	Black, Red
Red	White	Green, Black

2. 색상에 대한 이미지

빨간색	정열, 애정, 혁명, 야망, 위험, 일출, 저녁노을, 분노, 활력, 건조
주황색	원기, 적극, 희열, 만족, 풍부, 가을, 초조, 유쾌함, 광명, 건강, 온화
노란색	희망, 광명, 유쾌함, 경박함, 명랑, 금발, 바나나, 금
초록색	안식, 평정, 친애, 평화, 인정, 지성, 건실, 소박, 여름, 중성, 절박
파란색	침정, 유구, 진실, 냉정, 명상, 영원, 성실, 바다, 희망
보라색	고귀, 우미, 신비, 경솔, 예술, 우아, 고가, 위엄, 공허, 실망
흰색	명쾌함, 청결, 신정, 신앙, 순수, 소박, 정직, 눈, 설탕
회색	평범함, 음울, 겸손, 무기력, 답답함, 우울, 점잖음
검은색	정숙, 비애, 불만, 죄악, 암흑, 절망, 정지, 침묵, 부정, 주검, 불안
자주색	애정, 성적, 복숭아, 창조적, 심리적, 정서적, 술

4.5 매체의 이해와 활용

          프리젠터가 사용하는 매체로는 슬라이드, OHP Over Head Project, 비디오테이프, 컴퓨터와 프로젝트 등 다양하다. 프리젠터는 각 프리젠테이션의 상황에 맞는 매체를 활용할 수 있어야 한다.

          최근에는 대부분의 프리젠테이션에서 컴퓨터와 프로젝트를 활용한다. 각 매체의 장단점을 이해하고 비교함으로써 가장 적절한 프리젠테이션 매체를 선정하고 활용하도록 하라.

종 류	장 점	단 점	비 고
컴퓨터	즉시 수정 가능 재사용 가능 다양한 표현	시스템 고장 호환성 문제	대체 자료 준비
OHP	비용 저렴함	너무 많으면 싫증 페이지 이동의 복잡함	조명 주의
슬라이드	고품질 효율적 재사용 가능	높은 비용 많은 제작 시간	초점 맞추기 순서에 수의
플립차트	비용 저렴함	40명 이하만 가능	상단의 2/3만 사용 글씨 연습

종 류	장 점	단 점	비 고
유인물	비용 저렴함 융통성 준비 용이	준비시간 소요	세련된 외양 교정
모형	효과적	분실 우려	잘 보이도록
비디오테이프	청중(고객) 관심 자극 휴대용 사용이 용이	청중(고객) 산만	작동법 숙지
화이트 보드	융통성 컬러 사용 가능 마그네틱	변화의 어려움 초기비용 고가	깨끗한 필기

제5장

프리젠테이션 실제

5.1 프리젠테이션 구조

[사례 1]

당신은 영업사원이다. 그동안 만나 온 고객구매 담당자이 자기 회사의 임원들 앞에서 15~20분 정도의 프리젠테이션을 해 줄 것을 요구한다. 비즈니스 거래를 위한 중요한 기회이다. 당신은 회사의 자료들을 수집하고 제대로 준비해서 고객의 요구에 맞는 효과적인 프리젠테이션을 해서 좋은 결과를 얻고 싶다.

필요한 자료를 모은 후 정리를 하면서 프리젠테이션을 하는 동안 말문이 막히면 어떻게 하나? 내용은 논리적으로 구성되었는가? 시각 자료는? 어떻게 시작을 할까? 등등의 걱정이 생긴다. 자료를 정리하면서 프리젠테이션을 준비하는 데 도움이 되는 전체적인 구조가 있었으면 좋겠다고 생각한다.

[사례 2]

당신은 회사의 부서장들 앞에서 자신이 이제까지 준비해 온 원가절감 아이디어를 발표한다. 당신이 속한 부서 내에서 여러 번의 검토를 거쳐 승인된 내용으로 회사 전체적인 도입을 위한 최종 승인을 받는 자리이다. 당신에게 주어진 시간은 15분이다. 인사를 하고 도입부를 소개하였는데 벌써 5분이 흘렀다. 아직 본론을 시작하지도 않았는데…… 조급한 마음이 든다. 어떠한 일이 있더라도 자신에게 주어진 시간을 초과하여서는 안 된다는 것을 당신은 알고 있고 사전에 주의를 받았다. 본론에 들어가 첫 번째 방법을 소개하는 데 4분이 소요되었다. 아직 3개의 아이디어가 남았다. 조급해진 당신은 남은 아이디어를 전달하는 데 서두른다. 시각자료를 건너뛰고, 몇몇 사안은 배부한 자료로 대체한다고 말한다. 어쨌든 당신은 15분 가까이 되어서 결론 부분에 도착했다. 그런데 당신의 발표를 듣는 부서장들의 얼굴에는 이해를 하지 못한 듯한 표정이 나타난다. 당신은 더욱 조급해진다. 무엇이 문제인가?

프리젠테이션을 하는 프리젠터에게 주어진 또 하나의 도전은 프리젠테이션을 실시할 때 전체적인 그림과 발표내용이 머릿속에 자연스레 그려져야 한다시나리오처럼는 것이다. 즉 어떠한 프리젠테이션을 하든 주어진 주제와 시간에 맞는 발표 시나리오오프닝부터 마무리까지가 필요하다. 즉 프리젠터의 머릿속에 프리젠테이션의 오프닝부터 본론 그리고 마무리와 질의응답을 하는 자신의 모습과 메시지들을 가지고 있어야 한다는 의미이다.

상황에 따라 주제가 바뀌고 발표 시간의 변화는 생기지만 프리젠테이션을 진행하는 구조는 변하지 않는다. 따라서 이번 장에서는 우리에게 필요한 프리젠테이션의 시나리오를 완벽하게 만드는 구조를 알아본다. 이후에는 이 구조를 자신의 것이 될 때까지 연습하기 바란다.

이제까지의 학습내용_{자신감, 태도, 청중 이해, 커뮤니케이션, 설득, 시각자료, 정보의 가공 등}은 완벽한 시나리오를 만들기 위한 기본적인 준비과정이고 그 내용들이 기초가 됨을 잊어서는 안 된다.

① 프리젠테이션 구조

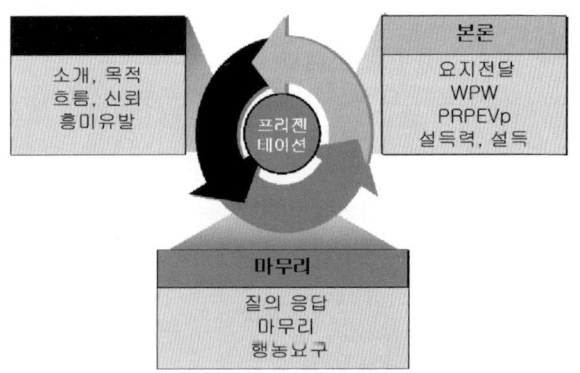

프리젠테이션은 크게 보면 오프닝서론 - 본론 - 마무리로 구성이 된다. 각 단계는 그 자체로서 가치 있고 중요하다. 오프닝 없이 본론으로 들어간다면 청중고객이 당황할 것이고, 지나치게 긴 오프닝은 오히려 청중고객의 흥미를 떨어뜨리고 발표자에게 도 부정적인 영향을 미친다. 그렇다고 오프닝을 너무 가볍게 할 수도 없다. 외부 고객 / 청중고객의 경우에는 당신과 당신 회사에 대한 기본적인 신뢰를 구축하는 것이 필요하다. 첫 이미지와 시작을 어떻게 하느냐가 신뢰구축에 매우 중요하다.

결론과 마무리 그리고 질의응답 또한 하나의 프리젠테이션 단계이다. 시간에 쫓겨 성급하게 내리는 결론은 청중고객에게 강력한 메시지를 전하는 데 한계가 있다. 반대로 지나치게 긴 마무리와 질의응답그렇게 하기도 쉽지 않지만은 오히려 프리젠테이션 을 지루하게 만들고 가치를 떨어뜨린다.

본론의 중요성에 대해선 재차 강조하지 않아도 잘 알 것이 다. 프리젠테이션의 목적을 달성하는 핵심 메시지를 전달하는 부분이고 청중고객이 프리젠테이션을 듣는 이유에 대한 답을 주는 부분이다. 그리고 준비에 가장 많은 시간을 소비하는 부분이기도 하다.

이 구조의 구성을 보자. 당신이 15분간의 프리젠테이션을 한다면 오프닝서론에 소요되는 시간은 1분 정도가 좋다. 결론 과 마무리 그리고 질의응답을 위한 시간은 2~3분 정도가 적당할 것이다. 그러면 본론에 들어가는 시간은 자연히 11분에

서 12분이 된다. 이 시간에 맞추어 당신의 메시지를 준비하면
될 것이다.

　보통 슬라이드 한 페이지를 설명하는 데 1－2분 정도가 적
당하다. 한 페이지를 너무 오래 설명하면 지루하고, 너무 짧
게 하면 많은 슬라이드를 준비해야 하는 부담이 주어진다.

　이제 각 단계의 프로세스와 당신만의 프리젠테이션 구조시
나리오를 만들어 보도록 하자.

5.2 프리젠테이션 오프닝

다음을 읽고 답을 해 보라.

	예 ✓	아니오 ✓
프리젠테이션을 할 때 나는		
1. 주제가 복잡할 경우 미리 이야기를 한다.	( )	( )
2. 준비시간이 충분하지 못한 것에 대해 사과를 한다.	( )	( )
3. 전문가임을 나타내는 말을 하면서 자신을 소개한다.	( )	( )
4. 질문으로 나의 발표를 방해하지 말도록 한다.	( )	( )
5. 유머를 통해 청중(고객)을 편안하게 해 준다.	( )	( )
6. 프리젠테이션의 시간을 말한다.	( )	( )
7. 보충자료가 있다는 것을 청중(고객)에게 알린다.	( )	( )
8. 다양한 용어를 알 경우 그것을 이야기한다.	( )	( )
9. 은어가 나의 능력을 보여 주는 것이라는 것을 알고 활용한다.	( )	( )
10. 단순한 표현이 최상이다.	( )	( )
11. 길고 정교한 표현은 좋은 연사의 표시이다.	( )	( )

　2, 4, 8, 9, 11번은 '아니오'로, 나머지는 '예'로 답하였다면 당신은 프리젠테이션의 오프닝을 잘 한다고 볼 수 있다.

　프리젠테이션의 오프닝은 당신이 청중고객과 처음 만나는 순간이다. 당신이 프리젠테이션에 대해 부담을 갖고 있는 것과 같이 청중_{고객}도 당신과의 만남에 부담을 갖는다. 물론 부담의 내용은 다르지만 청중_{고객}은 당신의 모습과 첫 멘트에서 당신의 전문성을 판단한다. 그리고 전문가이기를 기대한다.

오프닝을 하면서 당신이 중점을 두어야 하는 것은 당신이 전문가라는 것을 청중_{고객}이 알게 하는 것이다. 그리고 청중_{고객}이 '프리젠테이션에 집중을 해야겠다! 오늘 프리젠테이션은 도움이 되겠다!'라는 결심과 흥미를 갖게 하는 것, 그리고 프리젠테이션이 어떻게 진행되는지_{시간, 방법, 질의응답의 시기 등}를 알게 하는 것이다.

① 오프닝의 구조

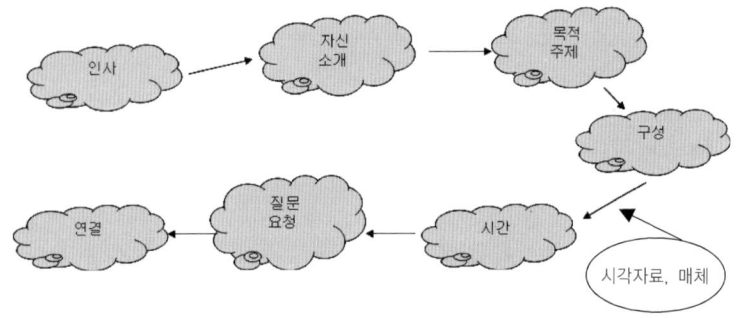

1. 인사

통상적인 인사를 한다. 날씨와 참석에 대한 감사 등을 언급한다.

2. 자기소개

자신을 소개한다. 소개 내용은 당신이 오늘 프리젠테이션을 전하는 데 필요한 자격을 갖추었다는 것을 강조한다. 또한 회사를 대표해 프리젠테이션을 할 경우에는 자사의 많은 능력 중 이번 프리젠테이션과 관련된 회사의 능력경쟁력, 성과 등을 간단히 언급한다. 여기서 회사 소개에 너무 많은 시간을 소비하는 실수를 해서는 안 된다. 나머지 회사의 소개는 청중고객에게 나눠준 서류에 첨부하면 된다.

3. 목적 및 주제

오늘 프리젠테이션의 목적과 세부 주제를 이야기한다. 이때에는 큰 주제만 하도록 한다. 아마추어 프리젠터는 이 단계에서 본론 내용을 이야기하는 우를 범한다. 그리고 목적과 주제는 청중고객 중심의 용어를 사용하는 것이 좋다. 청중고객이 가진 문제를 해결하고, 니즈를 충족시킨 결과를 강조하는 것이 좋다.

4. 구성, 시각자료

전체 프리젠테이션의 구조를 이야기한다. 몇 개의 요지, 청중_{고객}의 참여가 필요한 경우는 그 시기, 시각자료 또는 시연이 있을 때는 그것을 가볍게 언급한다.

5. 시간 및 질의응답

당신에게 주어진 시간을 언급한다. 이때 질의응답에 대해 따로 시간을 준비하였다면 그 시간을 미리 이야기함으로써 프리젠테이션 중간에 질문 때문에 방해를 받지 않도록 한다. 당신은 발표를 하는 중간에 필요에 따라 질문을 받을 수 있겠지만 이것은 긴 시간의 발표 때에나 가능할 것이다. 15분 정도의 시간이라면 중간에 질문을 받지 않는 것이 좋다.

6. 연결

오프닝에서 본론으로의 연결을 암시한다.

오프닝 예시

:: 인사

안녕하십니까! 반갑습니다! 좋은 ○○○입니다. 오늘 ○○○에 참석해 주셔서 감사를 드립니다.

:: 이름과 직위, 전문성

저를 먼저 소개하겠습니다. 저는 ○○○회사에서 ○○○ 업무를 맡고 있는 ○○○입니다. 저는 ○○년 동안 ○○○ 에서 ○○○한 경험을 한…….

:: 제목과 주제

오늘 프리젠테이션의 제목 / 주제는 ○○○입니다. 오늘 저 는 ○○○에 대해…….

:: 목적

오늘 프리젠테이션의 목적은 ○○○입니다. 오늘 저의 목 적은…….

오늘은 ○○○께서 ○○○을 검토하시는 데 도움이 되는 정보를…….

:: 구성: 주요내용과 요지

오늘 저는 ○○○에 대해 ○○○가지로 나누어서 설명을 드리겠습니다. 첫째는 ○○○, 둘째는 ○○○, 셋째는 ○○ ○로 구성이 되었습니다.

:: 시각자료, 매체

이해를 돕고자 저는 ○○○을 활용하도록 하겠습니다.

:: 시간

오늘 프리젠테이션은 ○○분간 진행이 될 것입니다.

:: 질문

질문이 있으시면 언제든 질문을 해 주시기 바랍니다.
뒤에 따로 질문시간을 준비하였습니다. 질문은 그때에……

:: 청중(고객)

오늘 표정들이 무척 밝은 것 같습니다.
오늘 어렵게 자리에 모이신 것으로 알고 있습니다.

:: 시작으로 연결

좋습니다. 이제 시작을 하도록 하겠습니다.시작을 해도 될 것 같군
요. 그럼 ○○○로 시작을 하겠습니다.

이 정도의 멘트는 1분 이상을 소요하지 않는다. 필자의 강
의 경험으로 보면 45초 정도에 오프닝이 끝난다. 오프닝의 목
적이 당신의 지식과 경험을 자랑하는 것이 아니고 프리젠테
이션의 가치와 필요성을 청중고객이 알도록 하는 데 있음을
기억하도록 하라.

- 당신의 오프닝 시나리오를 만들어 보라. 당신은 고객사
  의 임원들 앞에서 당신이 판매하고자 하는 상품자사 상품
  중 하나를 선정을 설명한다.

순 서	내 용
인사	
자기소개	
목적 및 주제	
구성 (시각자료, 매체 포함)	
시간	
질문요청	
본론으로 연결	

5.3 프리젠테이션 몸체본론

이 단계는 프리젠테이션의 목적프리젠터, 청중(고객)을 달성하는 데 핵심인 본론 부분이다. 당신이 청중고객에게 전달할 내용, 즉 그들의 문제주제와 문제해결의 방법요지과 이익과 이익에 대한 근거 / 증거 / 사례, 그리고 그 이익의 달성을 위해 그들이 해야 하는 행동과 이유설득논리가 이 단계에서 강조되어야 한다. 따라서 청중고객은 이 단계에서 자신들의 문제를 해결하고 니즈를 채우는 해결책에 대한 확신을 갖고 자신들이 해야 할 행동의 방향을 결정한다.

그래서 당신이 프리젠테이션을 준비하면서 가장 심혈을 기울여 자료를 모으고 가공을 하고 시각자료를 만드는 모든 것이 바로 이 단계를 충실하게 진행하기 위해서다.

❶ 본론의 구조

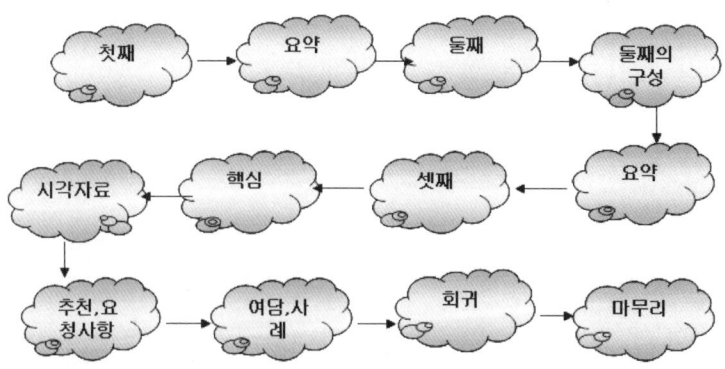

복잡하게 보이는가? 당신이 이 구조를 처음 보는 사람이라면 그렇게 생각할 수 있다. 하지만 자세히 보면 간단하다. 위에서는 3가지의 요점을 본론에서 강조하고 있다. 즉 프리젠테이션의 목적청중(고객)의 문제 해결, 니즈 충족을 달성하기 위해서는 3가지의 중요한 요점당신의 해결방법, 솔루션이 있다는 것이다. 여기서 첫째, 둘째, 셋째의 요점을 전달하는 구조는 같다. 물론 중요성과 강조하는 방법은 다소 차이가 날 수 있다. 위의 구조에서는 셋째 요점이 가장 중요하다. 그래서 가장 많은 시간을 할애할 것이고, 그 요점을 강조하기 위해 시각자료동영상 등를 사용하는 것이다.

여기서 중요한 것은 각 요점을 구성하는 방법이다. 이 단계에서 앞에서 학습한 청중고객을 설득하는 방법들을 다시 보자.

1) 5단계 방법

2) AIDA

3) 충격 – 왜 – 사례 – 그래서

4) 예사례 – 취지 – 이유 – 증거의 방법 중 하나를 활용해 요점을 구성하면 된다.

4가지의 방법을 종합한 구조로는 다음과 같다.

:: 청중(고객)의 문제, 니즈 1

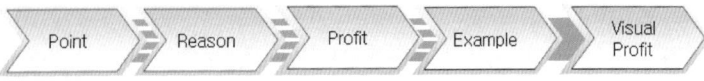

- **청중**고객**의 문제, 니즈 1:** 이는 청중고객이 가진 문제와 니즈를 명확하게 정의하면서 청중고객이 프리젠테이션에 집중해야 하는 명확한 이유를 강조한다. 첫 번째로 ○○○한 문제가 있다. ○○○한 문제를 해결하는 것이 우선이다.

- **Point:** 당신이 전하고자 하는 요점이다. 이는 청중고객이 가진 문제와 니즈를 해결하고 채워 줄 수 있는 당신의 능력과 당신 회사의 역량상품의 특성. 기능을 객관적인 사실로 표현한다. '위의 니즈, 문제 해결을 위해 저희는상품은 ○○○한 사실특성. 기능. 성능이 있습니다.'

이 사실은 하나가 될 수도 있고 여러 개가 될 수도 있다. 여러 개일 경우 각 사실들의 논리적 구성MECE, 직렬형, 병렬형을 고려하여야 한다.

- **Reason:** 이는 요점이 중요한 이유를 말한다. '○○○ 기능이 있음으로써 ○○○.'

- **Profit:** 이익은 청중고객이 가진 문제를 해결하는 모습과 그 결과 그리고 욕구 충족의 결과를 언급한다. 즉 청중고객이 당신이 원하는 행동을 했을 때 얻을 수 있는 이익을 구체적으로 강조한다. 이 단계의 이익은 가시적인 이익이다. '○○○한 문제가 ○○○하게 해결이 되고 그 결과 ○○○한 혜택이 있습니다.'

- **Example:** 이는 청중고객에게 당신이 제안한 해결책이 약속하는 이익에 대해 확신을 갖도록 하는 증거자료, 사례, 사진, 동영상, 추천서, 전문가의 증언, 통계자료 등을 제시하는 단계이다. '이에 대한 사례로는 ○○○가 있습니다.'

- **Visual Profit:** 이익의 시각화는 각 요점의 마무리로 청중고객이 얻는 이익의 궁극적인 모습을 청중고객으로 하여금 느끼고 보도록 하는 단계이다. 앞의 이익에서는 이성적인 단어를 사용하고, 이익의 시각적인 표현에서는 감성적인 단어를 활용하는 것이 좋다.

[사례]

청중_{고객}**의 니즈, 문제:** 실시간 영업 성과관리

제품: 영업용 노트북, 성능 – 무선 인터넷

"우선 영업성과의 실시간 관리를 원하십니다. 이를 위해서 저희 노트북은 무선 인터넷이 가능합니다. 이는 언제 어디서든 실시간으로 본사와 접속이 가능하다는 것을 의미합니다. 따라서 영업현장에서의 성과가 실시간으로 본사에 전달이 되고 그 이후의 업무 진행이 가능한 장점이 있습니다. 그 증거로는……

_{노트북 시연.} 결론적으로 영업성과가 실시간으로 본사에 전달되고 효과적인 관리가 가능해짐으로써 전체 영업의 효율이 상승할 것입니다."

따라서 본론의 구성은

첫째로는 ○○○입니다. 이는…….

둘째로는 ○○○에 대해 2가지를 말씀드리겠습니다. 하나는 △△△이고 나머지 하나는 □□□입니다.

셋째로는 ○○○인데 이는 오늘 프리젠테이션에서 가장 중요합니다. 따라서 ○○○을 보시면 ○○○을 의미합니다. 따라서 저는 ○○○을 강력하게 추천합니다. 하나의 사례로는 ○○○이 있습니다.

다시 핵심을 강조하자면 ○○○입니다. 이상이 오늘 제가 준비한 프리젠테이션의 목적이고 핵심입니다.

② 본론의 전체적인 구조

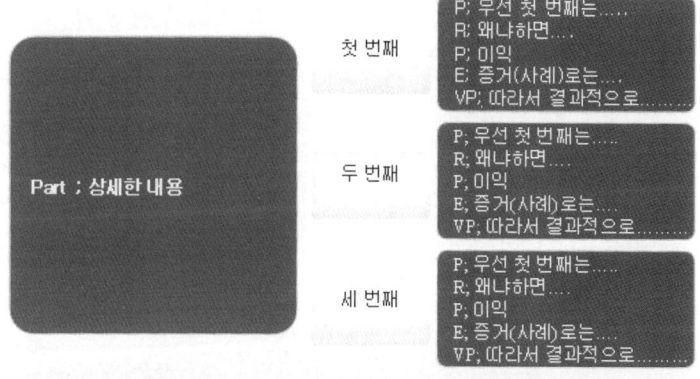

Whole ; --에 대한 3가지 결론(제안.추천)이 있습니다.

Part ; 상세한 내용	첫 번째	P; 우선 첫 번째는….. R; 왜냐하면…. P; 이익 E; 증거(사례)로는…. VP; 따라서 결과적으로……
	두 번째	P; 우선 첫 번째는….. R; 왜냐하면…. P; 이익 E; 증거(사례)로는…. VP; 따라서 결과적으로……
	세 번째	P; 우선 첫 번째는….. R; 왜냐하면…. P; 이익 E; 증거(사례)로는…. VP; 따라서 결과적으로……

Whole ;
이상으로 이번 프리젠테이션의 결론으로 …………을 제안.추천을 하겠습니다.

③ 기타 본론을 강화하는 표현들

본론을 발표할 때 프리젠터는 시의적절한 표현을 사용함으로써 메시지를 호소력 있게 전달할 수 있고, 청중고객 또한 진부한 표현의 지루함을 느끼지 않게 할 수 있다. 그러한 표현으로는 다음의 것들이 있다. 몇몇 표현들을 자신의 것으로 만들어 자연스럽게 활용한다면 좀 더 표현력이 풍부하고 흥미를 자극하며 설득력 있는 프리젠터가 될 수 있을 것이다.

❑ 설득력 있는 단어

:: 제안할 때

- 저는 A를 제안합니다.
- 저의 제안은 ○ ○ ○.
- 저는 A를 추천합니다.
- 저의 추천은······.

:: 이익 / 차이를 강조할 때

- A와 B의 차이는 대단히 크다.
- 유리한 점과 불리한 점은······.
- 한편으로는 A, 다른 한편으로는 B······.
- 이것이 훨씬 A보다 낫다.

:: 강한 선택을 요구할 때

- 우리는 선택의 여지가 없습니다. 우리가 A를 하지 않는
  다면 그 결과 B.
- A 혹은 B.
- A 대신에 우리는 B를······.

:: 중립적 단어와 감성적 단어

중 립 적	감 성 적
이것은 위험합니다.	이것은 상업적인 자살행위입니다.
이것이 아마도 문제일 것입니다.	이것은 혼돈으로 이끌 것입니다.
우리는 이것을 요구합니다.	이것은 반드시 필요합니다.
누군가 불만이 있을 것입니다.	그러나 ××폭동이 있을지도 모릅니다.

:: 3번 강조기법

- 이것은 빠르고, 싸고, 효과적이다.
- 그 사람은 고객지향적이고, 우호적이며, 책임감이 강하다.

집중

- 제가 강조할 점은……
- 저는 ○○○을 강조합니다.
- 저는 ○○○을 반복적으로 강조합니다.
- 이것은 이해가 필수적인 / 결정적인 것입니다.

목적—what

- 우리가 할 수 없는 것은……
- 우리가 좋아하지 않는 것은……
- 우리가 했어야 했던 것은……
- 진짜 중요한 것은……

반복

- 이것은 매우 매우 어려운 문제이다.
- 우리는 오래오래 이것에 대해 생각을 했다.

단순화

- 정직하게 말해 / 솔직히 말해서 / 기본적으로 / 단순화시키면

분석

- 이것을 철저히 알아봅시다.
- 이것은 정확히 무엇을 의미하는 것인지, 다른 말로⋯⋯.

극적 단어

- 전체적이고 절대적이며 완전한 재난극복 방법은⋯⋯.
- 뛰어나고 엄청나며 괄목할 성공은⋯⋯.

핵심단어 강조(대조)

어제는~ / 오늘은~ / 보도는~ / 사실은~

당신의 메시지

다음의 칸을 채우면서 당신의 제품 또는 솔루션에 대한 논리를 구성해 보도록 하라.

1) 고객의 문제, 니즈: _____

_____

_____

2) 사실: _____

_____

_____

3) 이유: _____

_____

_____

4) 이익문제해결과 그 결과: _____

_____

_____

5) 증거: _____

_____

_____

6) 이익의 가시화최종이익: _____

_____

_____

5.4 프리젠테이션
마무리와 질의응답

이 단계를 많은 프리젠터는 어려워한다. 마무리를 빨리 하는 것이 좋은가? 주어진 시간보다 일찍 끝날 것 같은데 어떻게 할까? 마무리를 어떻게 할 것인가? 질문을 받을 것인가, 말 것인가? 까다롭고 어려운 질문이 나온다면? 발표 내용과는 전혀 상관이 없는 질문이 나오면? 등등의 불안감을 갖고 있다. 청중고객도 마무리 단계에 오면 집중력이 떨어진다. 그래서 마무리와 질의응답을 이끄는 프리젠터의 능력은 매우 중요하다.

따라서 당신이 능력 있는 프리젠터로 인정을 받고, 더욱 중요한 프리젠테이션의 목적을 달성하려면 이 단계 역시 프로답게 진행해야 한다.

① 마무리의 구조

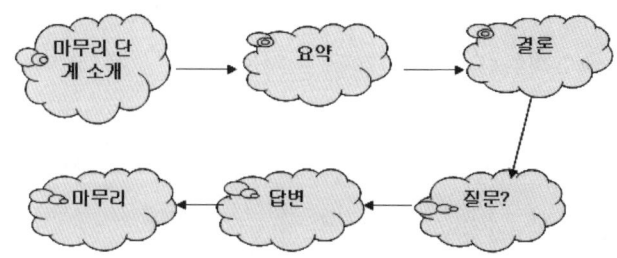

1. 마무리 단계 소개

이는 마무리 단계의 오프닝이다. 본론에서 마무리로 넘어간다는 신호이면서 청중고객으로 하여금 무엇인가 결론을 내려야 하는 시점이라는 것을 알려 준다.

2. 요 약

이는 당신이 전달한 메시지의 요약이다. 본론에서 언급한 각 요점의 마무리를 강조한다.

3. 결 론

여기서의 결론은 청중고객이 무엇인가 결정을 하고 결심을 하였을 때 얻을 수 있는 이익을 강조한다. 본론의 이성적인 이익문제해결과 감성적인 이익궁극적인 이익을 같이 강조한다.

4. 질문 요청과 답변

여유를 갖고 질문을 요청한다. 좋은 질문에 대해선 감사를 하면서 답변한다. 그러나 바람직하지 못한 질문에 대해서도 절대로 무시해서는 안 된다. 이러한 질문도 일단은 인정을 하고 받아주어야 한다. 즉 청중고객의 모든 질문에 대해서 가치 있게 생각하고 있다는 것을 보여 주어야 한다. 만일 질문을 요청하였는데 질문이 없다면 곧바로 마무리를 하지 말고 아직도 당신에게 남은 시간을 활용해 청중고객을 감동시키는 멘트를 던지도록 하여야 한다. 이러한 멘트를 미리 준비하도록 하라. 주어진 시간을 넘어서는 안 되지만, 주어진 시간보다 빨리 끝낸다고 해서 모든 청중고객이 좋아하는 것은 아니다. 당신에게 주어진 시간을 최대한 활용하여야 한다.

5. 마무리

말 그대로 프리젠테이션의 최종 마무리이다. 감사를 하고, 현명한 선택을 기대한다는 것을 암시하면서 마무리를 짓는다.

① **마무리 신호**

- 좋습니다. 이제 마무리할 단계이군요.
- 맞습니다. 제가 ~에 대하여 하고자 하는 말은.
- 그래서 그것이 제가 하고자 하는 밀입니다.

② **요약**

요약하면~ / 정리하면~ / 마무리를 하기 전에 몇 가지~

③ **결론** - 행동 요구, 이익

결론적으로 저는~ / 다음과 같은 말을 하면서 결론을~
/ 마지막으로 강조할 것은~

▶ 마지막 추천

그러므로 저는 ○○○을 추천~ / 우리가 할 것은~

▶ 지원 / 지지

이제까지 발표한 내용과 ○○○자료가 필요하시면 이
메일로~

④ **질문 요청**

어떤 질문이든 환영합니다. 질문 있습니까?

⑤ **종결** - 이익 강조

따라서 최종적으로 ○○○을 함으로써 ○○○한 이익
을 얻을 수 있는 방법에 대한 프리젠테이션을 마치도록
하겠습니다. 집중해서 들어주셔서 감사합니다. 경청을 해 주
셔서 감사합니다.

:: 마무리 시 주의사항

① **존재하지 않는 결론으로 마무리를 하지 마라.** 구체적인
결론과 청중고객이 기억할 것, 행동할 것을 명확하게 전
달하라.

② **청중**_{고객}**이 모르는 사이에 결론을 내리지 마라.**

'벌써 끝났어? 결론이 뭐야?'라는 느낌이 들게 해서는 안 된다.

③ **군더더기 결론** – 기진맥진한 채 프리젠테이션을 마무리 하지 못하고 계속 이어지는 말을 하지 마라. '그래서······ 그리고' 등의 표현을 계속 이어서 사용하는 프리젠터는 이러한 실수를 저지르기 쉽다. 과감하게 결론을 내리고 청중에게 당신이 요구하는 행동을 요청하라.

④ **무기력한 결론** – 그게 다야? 청중_{고객}이 '이게 다야?'라는 느낌을 가져서는 안 된다.

⑤ **주제 / 본론과 상관없는 결론** – 청중_{고객}이 '왜 저 말을 하 는 것이지? 발표 내용과 맞지 않잖아!' 등의 느낌을 갖 게 하는 말로 결론을 내리는 것이다. 절대로 프리젠테이 션의 주제와 핵심에서 벗어나지 마라. 이것을 방지하기 위해서 결론 또한 시각자료로 만들어 활용하라.

:: 효과적인 마무리

마무리를 할 때는 다음의 그림과 같이 여유를 갖고 핵심을 강조하며, 청중_{고객}이 해야 할 행동을 명확하게 요구하면서 결 론을 내리도록 하라.

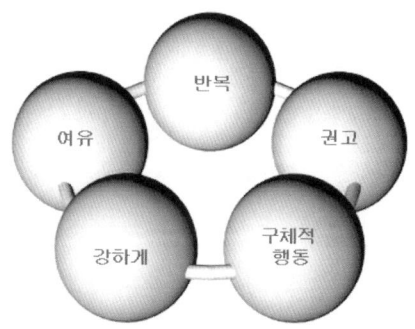

:: 의사결정 촉구 방법

프리젠터는 프리젠테이션을 마무리하면서 청중고객에게 의사 결정을 하도록 동기부여를 하여야 한다.

직접 요청하라

프리젠터는 마무리를 하면서 청중고객에게 기대하는 행동과 결정을 과감하게 요청하여야 한다. 청중고객이 알아서 프리젠 터가 원하는 행동과 결정을 할 것이라고 기대하지 마라. 그들 이 프리젠터와 함께하면서 행동을 하고 결정을 내리도록 하라.

✔ ○○○한 결론을 말씀드렸습니다. 그럼 ○○○한 결정을 기대합니다.

다음 단계를 제시하라

청중고객이 문제를 해결하고 니즈를 충족하기 위해 프리젠 터의 제안 내용을 실행하기 위한 다음 단계를 제시한다.

✔ 다음 단계로 저희 공장을 방문하시는 것을 제안…….

프리젠터는 프리젠테이션 마무리를 위해 자신의 제안을 청중고객이 채택하였을 때의 이익과 채택을 미루었을 때의 예상 손실을 좌우로 하여 그 결과를 명확히 보여 줌으로써 의사결정을 촉구하도록 한다.

채택 시 이익	유보 시 불이익(예상)

② 질문과 대응

프리젠터는 청중고객의 질문을 두려워해서는 안 된다. 질문은 자연스럽게 발생하는 것으로 생각하라. 당신과 청중고객 간의 커뮤니케이션 필터가 존재함을 기억하라. 그 필터가 질문을 하도록 한다.

청중은 궁금한 점이 있거나, 자신들의 문제를 해결하는 방법에 대해 확신이 부족하거나 더 강한 확신을 위해 질문을 한다. 이해가 부족해서일 수도 있고, 프리젠터의 발표가 너무 빨라서일 수도 있으며, 때로는 자신들 입장에서는 매우 중요한 부분을 프리젠터에게 알려 주기 위해 질문을 한다. 가끔씩은 자신의 존재감과 자신의 지식을 자랑하기 위해 질문을 하기도 하지만······.

따라서 프리젠터는 질문을 기꺼이 환영하고 질문을 통해서 자신의 발표를 청중고객이 얼마나 이해하였는지 알 수 있는 기회로 삼아야 한다. 어떠한 질문이 나오더라도 프리젠터는 당황하지 말고 효과적으로 질문에 응해야 한다.

프리젠테이션의 마지막 단계인 만큼 프리젠터는 최후의 순간까지 자신이 전문가임을 보여 주고 프리젠테이션의 가치를 청중고객이 기억하도록 하여야 한다.

1. 질문의 종류와 대응

• 좋은 질문 – 감사를 하라. 그러면 그들이 당신의 답을 다른 사람들에게 잘 전한다.
• 어려운 질문 – 대답을 할 수 없거나 안 하는 것이 좋은 질문에는 모른다고 말하라. 질문을 한 사람에게 그의 생각을 물어라.
• **불필요한 질문** – 청중고객은 이미 그 정보를 알고 있다. 명확하게 간단히 하고 나서 다음으로 넘어가라.
• 관련성이 없는 질문 – 싸우지 말고 자연스럽게 다음으로 넘어가라.

2. 프리젠터가 받는 질문과 대응

○○○을 말하는 것입니까? / 좀 더 자세히 말씀해 주시겠습니까? / 다시 한 번 더 말씀해 주시겠습니까? / 이해가 잘 안되는군요.

:: 적극적 / 긍정적 대답

- 그것은 어려운 / 좋은 / 복잡한 / 흥미 있는 질문이군요.
- 질문에 답을 하게 되어 기쁩니다. 저는~

:: 당신의 답에 대한 확인

- 이것으로 당신의 질문에 대한 답이 되었습니까?
- 명확해지셨습니까? 다음으로 넘어가도 될까요?

:: 명확화

- 제가 정확하게 이해했다면 당신은 ○○○을 알고 싶어 하는군요. 맞습니까?
- 당신의 질문은 ○○○이군요. 다시 해 주시겠습니까? 다른 말로 하면 당신은~

:: 발표내용

- 처음에 이야기한~, 이미 그것에 대해서는 ○○○에서 명확하게 하였습니다.

:: 비평을 수용하라

- 당신이 한 말을 수용합니다. / 인정합니다.

3. 피할 것

:: 못된 사람

- 당신의 질문에 답을 드릴 수 없어 죄송합니다.
- 그 질문은 제 전공 / 전문이 아니군요. 죄송합니다.
- 그 질문에 대한 답을 할 수가 없군요.

:: 잘못된 주제

- 그 질문은 오늘 프리젠테이션의 주제를 벗어난 것이군요. 죄송~
- 그 질문에 대한 답은 비밀입니다. 저는 그 권한이 없습니다. 죄송~
- 프리젠테이션이 끝난 후에 개별적으로 답을 드리겠습니다.

:: 테스트 / 질문으로

- 좋습니다. 제가 질문을 할까요?
- ○○○한 질문으로 답을 하도록 하겠습니다.

:: 울타리치기 = 헤지

- 좋습니다. 그것은 당신이 어떻게 받아들이는가에…….

- 좋습니다. 매우 복잡한 문제이지요.
- 거기에는 다양한 관점이 있습니다.

제6장

프리젠테이션 스킬업

6.1 이미지 메이킹

커뮤니케이션 전문가인 앨버트 메라비언 Albert Mehrabian은 청중고객에게 가장 영향을 미치는 요인으로서 시각적인 것looks이 55%, 음성how to say이 38%, 그리고 언어가 7%what to say를 차지한다고 하였다.

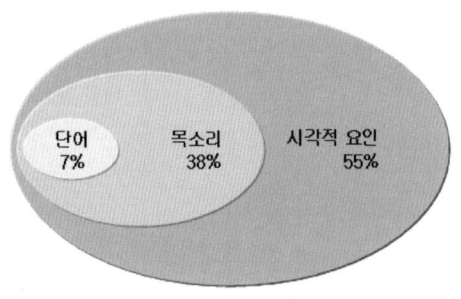

[커뮤니케이션 활동에 미치는 영향 요인]

여기서 알 수 있듯이 커뮤니케이션에서 청중고객에게 크게 영향을 미치는 것은 언어가 아니라 비언어적인 것이다.

청중고객은 프리젠테이션을 귀로 들을 뿐 아니라 오감으로 느낀다. 프리젠테이션이란 말로써 내용과 사실을 전달하는 것이지만 프리젠테이션에는 전달하고자 하는 사실 외에도 프리젠터의 외모, 복장, 태도, 언어 등이 모두 포함된다. 이것이 전체적인 인상이고 이미지이다.

이 인상은 프리젠테이션을 시작하고 나서 처음 1분이 매우 중요하며, 이렇게 짧은 시간 안에 전체적인 인상이 결정되고 만다. 이를 스냅스 효과snaps effect라고 하는데 사람의 첫인상은 스냅사진을 촬영할 때처럼 빠르게 결정된다는 것이다. 청중고객의 관심을 끌기 위해서는 프리젠터의 말솜씨만으로는 불충분하며 시각적인 것을 모두 포함한 그의 외형적인 이미지도 좋아야 한다는 것이다.

즉 우리가 처음 새로운 사람을 소개받았을 때 서로에게 주는 첫인상에 영향을 받듯이 프리젠터는 청중고객에게 좋은 인상전문가, 프로을 주고 흥미를 유발시킬 수 있어야 한다. 프리젠터의 첫인상을 결정짓는 요인들에 대하여 차례로 알아본다.

1 입장 및 청중(고객)과의 첫 대면

어떠한 형태의 프리젠테이션이든 프리젠테이션장에 섰을 때 한 가지 기억할 것이 있다. 신중하게 자세를 갖추고 심호흡을 하며, 준비가 되었다고 생각될 때는 여유를 가지고 자신 있게 걸어 나간다. 연단에 선 후에는 청중고객을 쭉 둘러본 다음 물속으로 뛰어들 듯 청중고객 속으로 뛰어들어 프리젠테이션을 시작하는 것이 바람직하다는 것이다.

아무리 철저하게 내용과 시각자료를 준비했어도 준비된 내용을 제대로 전달하지 못한다면 애쓰고 준비한 보람이 없게 된다. 내용 전달에 있어서 시작 후 처음 얼마 동안, 정확히 말하자면 처음 90초가 매우 중요하다.

청중고객 앞에 선 다음에 프리젠터가 들고 나온 원고를 정리할 경우 이러한 모습은 청중고객으로 하여금 프리젠터로서 준비가 덜 되었다는 인상을 주기 쉽다. 따라서 프리젠테이션에 필요한 원고는 미리 정리해 들고 나가는 것이 좋다.

또한 프리젠테이션을 할 때에는 수동적인 인상을 주지 말아야 하며 적극적이고 의욕적인 인상을 심어 주어야 한다.

프리젠테이션을 본격적으로 시작하기 전에 프리젠터의 말이 잘 들리는지 물어보는 것이 좋다. 마이크를 사용하는 경우도 뒤에 앉은 사람까지 잘 들리는지 물어보고 잘 들리지 않을 때에는 음량 조절부터 한 후 프리젠테이션을 시작해야 한다.

왜냐하면 프리젠테이션은 생방송과 같아서 다시 할 수 없기 때문이다. 순간을 놓치면 그것으로 끝날 뿐이다. 프리젠테이션이 시작되고 한 3분쯤 지나 처음부터 다시 하겠다고 해서 이미 손상된 이미지가 복구되지는 않을 것이다.

또 시각자료가 잘 보이는지 확인한다. 총연습 때 이미 청중고객의 앉을 자리를 고려해서 시청각 기자재를 설치했지만 청중_{고객}이 모두 시각자료를 잘 볼 수 있는지 확인해 보는 것이 좋다. 이렇게 점검할 때 청중_{고객}은 프리젠터가 배려하고 있다고 호감을 갖게 된다.

또한 프리젠테이션을 할 기회를 준 것에 대한 감사의 표시를 하는 것이 좋다. 마지못해 하게 된 프리젠테이션일지라도 소중한 기회를 준 것에 대해 주최 측과 청중_{고객}에게 감사하다는 말을 전해야 한다.

그러나 감사의 말이 너무 길면 아부하는 것처럼 받아들여질 수도 있으므로 감사의 말은 간단하게_{한두 문장으로} 하는 것이 바람직하다. 프리젠테이션을 하기 위해 프리젠터가 청중_{고객} 앞에 섰을 때 먼저 프리젠터는 청중_{고객}의 관심과 주의를 자기 자신에게로 집중시켜야 한다. 프리젠테이션을 시작하기 전에 여유를 갖고 청중_{고객}을 둘러보는 것은 프리젠터와 청중_{고객} 간의 관계를 형성할 수 있어 바람직하다.

청중_{고객}을 전혀 쳐다보지 않고 프리젠테이션을 시작한다는 것은 '듣거나 말거나 내가 하고자 하는 말만 하겠다.'는 인상을 줄 수 있으며 이런 식으로 시작할 때 프리젠터와 청중_{고객} 간의 상호작용은 기대하기 힘들다.

청중_{고객}을 바라볼 때에는 제일 가운데 앉아 있는 청중_{고객}만 볼 것이 아니라 왼쪽이나 오른쪽 구석 자리에 앉은 청중_{고객}까지도 골고루 보도록 하여야 한다. 프리젠테이션에 익숙지 않은 사람일수록 청중_{고객}을 바라봐야 한다는 사실이 두렵게 느껴질 수 있다.

또한 시간을 엄수하기 위해서 시계를 풀어 놓는 것이 바람직하다. 프리젠터는 청중고객의 시간을 존중해야 한다. 청중고객의 시간은 소중한 것이다. 20분 프리젠테이션에 60명이 참가했다면 이것은 모두 1,200분이라는 엄청난 시간을 의미하기 때문이다. 프리젠테이션을 들으러 발표 장소까지 온 시간까지 고려한다면 프리젠터가 청중고객의 시간을 낭비하는 일이 없도록 철저한 준비를 해야 한다.

2 7천 가지 표정

얼굴은 사람의 신체 가운데 가장 표현력이 풍부하고 눈에 띄는 부분이다. 특히 얼굴 표정은 상대방에게 호감을 줄 수도, 주지 못할 수도 있는 중요한 요소가 된다. 우리는 표정으로 속마음을 나타내기도 하고 상대방의 기분을 판단하기도 한다.

얼굴 표정을 보면 그 사람에게 걱정거리가 있는지, 쑥스러워하고 있는지, 화가 나 있는지, 기분 좋은 일이 있는지, 적의에 가득 차 있는지, 뭔가 꿍꿍이속이 있는지 쉽게 알 수 있다.

프리젠테이션을 할 때의 얼굴 표정은 자신감에 넘쳐 있으면서도 적절히 긴장된 모습을 유지하는 것이 좋다. 또한 얼굴에는 가벼운 미소를 띠어 청중고객에 대한 호감을 표시하도록 한다.

여러 가지 표정 중 가장 호감을 주는 것은 역시 미소를 담은 표정이다. 아무리 잘생긴 얼굴이라도 표정이 어두우면 상대방에게 호감을 주기가 어렵고, 그렇게 되면 대인관계나 사업 전망도 밝아질 리 없다.

대부분의 경우 미소는 기분 좋은 사람, 따뜻한 사람, 솔직한 사람이라는 인상을 줄 수 있다. 따라서 가볍게 자연스러운 미소를 짓는 법을 배우는 일은 긍정적인 이미지를 주는 데 대단히 중요한 일이다.

가볍고 정다운 미소는 개방적이고 친근한 느낌을 주지만 미소가 없으면 차갑고 폐쇄적인 인상을 준다.

자연스러운 얼굴 표정을 짓기 위해서는 평상시 많은 연습이 필요하다. "사람 나이 마흔이 되면 자기 얼굴에 책임을 져야 한다."는 말이 있다. 이는 링컨 대통령의 말이다. 나이 사십이 된 사람의 얼굴에는 그 사람의 인생이 어떠했는가가 그대로 나타나기 때문이다.

전문가들에 따르면 우리 얼굴에는 무려 팔십여 개의 근육이 있어 칠천 가지 이상의 표정을 만들 수 있다고 한다.

그런데 우리 주위에서 흔히 볼 수 있는 표정들은 몇이나 되는가? 솔직히 표정 있는 사람보다는 표정 없는 사람들이 많다. 무감각시대라고 불리는 이 시대를 살아가면서 우리는 무표정한 얼굴들을 너무 자주 접하게 된다.

지하철 창구나 은행 창구에서처럼 똑같은 일을 몇 날 며칠 반복하는 사람들에게서는 친근감 있는 미소를 찾아보기 어렵다.

포커 페이스poker face라는 말이 있다. 포커를 칠 때 자신이 가진 카드를 알리지 않기 위해 무표정하게 있는 것처럼 좀처럼 자기 속을 내보이지 않는 사람들의 얼굴을 가리키는 말이다.

실제로 무표정하게 있는 것이 전략적으로 유리할 때도 있다. 그러나 종종 당신은 자신을 있는 그대로 표현할 때 신뢰를 받을 수 있고 인간적이라는 느낌도 줄 수 있다.

표정이 없다는 말을 당신은 많이 듣는가? 거울을 보고 당신의 일생 중 가장 행복했을 때를 생각하며 웃음을 띠어 보라. 다음에는 가장 슬펐을 때를 떠올려 보자. 당신의 얼굴이 어떻게 변하는가?

매우 화가 났을 때, 걱정이 있을 때, 짜증이 날 때, 재미있는 일이 있을 때를 생각하며 조심스럽게 얼굴 각 부분이 어떻게 움직이는지를 잘 보고 어떻게 느껴지는지를 섬세하게 살펴보자.

이렇게 연습하면서 그동안 무표정하게 굳어진 얼굴 근육들을 이완시키고 마음도 함께 움직여 보자. 표정이 있다는 것은 우리가 살아 있다는 증거이다.

프리젠터로서 이외에 무엇이 더 필요한 것일까? 프리젠터는 자신감과 미소를 띤 얼굴 외에도 열정과 격려하는 태도가 있어야 한다. 우리가 일상생활 속에서 만나게 되는 사람들 중에는 항상 열정적인 사람이 있는가 하면, 항상 침체되어 있는 사람도 있다. 만일 프리젠터가 미온적인 사람이라면 어느 누구도 그의 프리젠테이션에 관심을 갖지 않을 것이다.

프리젠터가 충만한 에너지를 가지고 열정적으로 프리젠테이션을 할 때 청중고객은 그에게 빨려 들어가게 된다. 그리하여 프리젠테이션을 듣고 자신들에게 요구되는 행동을 결정할 것이며, 새로운 지식과 정보로 재충전된 것 같은 기분을 가질 수 있게 된다. 그러기 위해서는 프리젠터 자신이 충분히 충전되어 에너지가 발산되어야 한다.

1. 이미지 테스트

프리젠터로서 당신의 이미지는 어떻다고 생각하는가? 다음 각 문항을 읽고 자신의 생각과 일치하면 O, 일치하지 않으면 X로 표시하라.

1. 나의 매력을 30초 안에 5가지 이상 쓸 수 있다. ( )
2. 나에게 어울리는 이미지를 잘 알고 있다. ( )
3. 나의 신체치수를 정확히 알고 있다. ( )
4. 때와 장소, 상황에 따라 옷을 입을 수 있다. ( )
5. 나만의 스타일이 있다. ( )
6. 내 체형을 보완하는 패션 스타일을 알고 있다. ( )
7. 옷을 계획 구매한다. ( )
8. 매너 있고 예의 바르다는 이야기를 자주 듣는다. ( )
9. 내게 어울리는 헤어스타일을 잘 알고 있다. ( )
10. 탈모 예방을 위해 노력하고 있다. ( )
11. 나를 돋보이게 하는 색을 확실히 알고 있다. ( )
12. 좋은 이미지를 위해 과감한 변신도 두렵지 않다. ( )
13. 표정이 환하다는 이야기를 자주 듣는다. ( )
14. 나의 내면의 성향을 정확히 분석하고 있다. ( )
15. 나는 미래의 목표를 위해 하루 한 시간 이상 투자한다.

( )

16. 나는 항상 허리를 쭉 펴고 바른 자세를 유지한다. ( )
17. 나는 유머감각이 있다. ( )
18. 나는 이야기 소재가 풍부하여 어느 장소에서든 적합한 대화

를 할 수 있다.   (   )

19. 나는 내가 말하는 것보다 상대의 말을 많이 듣는 편이다.

                                                 (   )

20. 상대의 마음을 잘 파악하고 배려하려고 노력한다.   (   )

■ ■ ■

[진단해석] 항목별로 긍정은 1점, 부정은 0점으로 합계를 한다.

• 18~20점 최상의 이미지를 갖고 있다. 업무 수행에 자신감이 있고 매사에 긍정적으로 행동한다. 직원들에게 인기가 많다.

• 14~17점 좋은 이미지이나 조금만 노력하면 최상의 이미지를 가질 수 있다. 이미지 관리에 좀 더 신경을 쓴다.

• 10~13점 한시라도 빨리 부족한 부분을 찾아 이미지를 업그레이드 해야 한다. 이미지도 능력이라는 것을 이해해야 한다.

• 9점 이하 이미지 관리에 관심이 없다. 하루속히 전문가의 도움이 필요하다. 그렇지 않으면 경쟁에서 도태될 것이다.

■ ■ ■

2. 표정지수

프리젠터로서 자신의 표정지수가 어느 정도인지 다음 질문을 읽고 자신의 생각과 가장 부합되는 항목을 하나만 고르시오.

1. 당신은 웃을 때 입 모양을 어떻게 합니까?
   a. 입을 꼭 다물고 웃는다.
   b. 입을 크게 벌려 웃는다.
   c. 윗니만 보이게 웃는다.

2. 당신은 주위 사람들에게 미소가 예쁘다는 칭찬을 들은 적이 있습니까?
   a. 칭찬을 많이 받는다.
   b. 가끔 있다.
   c. 거의 없다.

3. 당신이 웃을 때의 모습은 어떻습니까?
   a. 큰 소리 내어 자신 있게 입을 크게 벌려 웃는다.
   b. 웃는 것이 쑥스러워 입을 다물고 마음으로만 웃는다.
   c. 웃는 모습에 자신이 없어 손으로 입을 가리고 웃는다.

4. 당신은 자신의 표정을 위해 연습을 합니까?
   a. 매일 거울을 보며 예쁜 표정을 지어 보고 연습도 한다.
   b. 얼굴 표정에 대해서 생각해 본 적이 전혀 없다.
   c. 자신의 표정이 마음에 들어 지금 있는 그대로 만족한나.

5. 당신이 잘못한 일이 있어 친구가 화가 많이 나 있다면, 당신은 어떻게 합니까?

   a. 자신이 잘못했<u>으므로</u> 어떤 방법으로라도 사과하고 친구가 받아들여 줄 때까지 노력한다.

   b. 여러 번 노력해 보고 반응이 없으면 자신도 토라져서 연락을 끊어 버린다.

   c. 잘못했지만 자존심 때문에 그냥 그대로 있는다.

6. 미팅에 나가서 마음에 드는 남자 또는 여자가 있다면 당신은 어떻게 호감을 사려고 합니까?

   a. 다른 친구가 돋보이면 그 친구의 단점을 찾아서 기를 죽인다.

   b. 자신이 돋보이도록 하기 위해 노력한다.

   c. 다른 친구보다 얼굴이 예쁘므로 그냥 있는 그대로 보여 준다.

7. 자신보다 아랫사람을 꾸중할 때 당신은 어떤 태도로 대합니까?

   a. 칭찬이 아닌 꾸중이므로 좀 더 부드러운 표정으로 알아듣기 쉽게 지도한다.

   b. 일단은 자신보다 아랫사람이므로 자신의 감정을 그대로 내보이며 꾸중한다.

   c. 상·하 구별 없이 자신의 감정에 충실하고 있는 그대로 표현한다.

8. 자신의 아파트나 집 근처에서 이웃을 만났을 때 어떻게 인사합니까?

   a. 잘 모르는 사람이지만 같은 곳에 사는 사람이므로 반갑고 친절하게 인사한다.

b. 본 적이 없는 것 같으면 인사도 안 하고 외면해 버린다.

c. 같은 곳에 사는 것 같으므로 무표정한 모습으로 고개만 끄덕인다.

9. 여러 사람이 있는 장소에서 친구나 동료가 당신에게 심하게 화를 낸다면 어떻게 하겠습니까?

   a. 자신도 흥분해서 화를 내고 자리를 피해 버린다.

   b. 친구가 갑작스럽게 화를 내는 것을 이해하지 못하며 무표정하게 시간을 보낸다.

   c. 그럴 만한 이유가 있겠지? 하는 마음으로 더 웃는 모습으로 친구를 대한다.

10. 평소에 사회생활에 있어서 표정이 중요하다고 생각하십니까?

    a. 매우 중요하다고 생각한다.

    b. 중요하지 않다고 생각한다.

    c. 일부러 만드는 표정보다는 생긴 그대로의 모습이 더 중요하다고 생각한다.

■ ■ ■

[집계표 및 진단 해석]

문항	Q1			Q2			Q3			Q4			Q5		
응답	a	b	c	a	b	c	a	b	c	a	b	c	a	b	c
	0	10	5	0	5	0	10	0	5	10	0	5	10	0	0
문항	Q6			Q7			Q8			Q9			Q10		
응답	a	b	c	a	b	c	a	b	c	a	b	c	a	b	c
	0	10	5	10	0	0	10	0	5	0	5	10	10	5	0

[해 석]

- **81점 이상**

표정이 멋진 사람으로 자신의 삶에 만족하고 주변 사람들에게도 사랑을 전할 여유
가 있는 사람이다. 좀 더 노력하면 친구도 많아지고 사회생활도 원만히 할 수 있
는 행복지수가 높은 사람이다.

- **51~80점**

표정지수는 보통으로 대부분의 사람이 여기에 속한다. 표정의 중요성을 잘 몰라서
노력해 보지 않은 사람들도 좀 더 노력하면 표정지수도 높아지고 자신의 이미지가
좋아질 수 있다.

- **50점 이하**

표정연습이 누구보다 필요한 사람으로 매일매일 꾸준히 표정연습을 한다. 무미건조
한 생활이 되지 않도록 밝고 명랑한 생활로 삶의 활력을 찾도록 한다. 개인의 표정
이 이미지 전달에 중요하다는 것을 기억하도록 한다.

■ ■ ■

3. 표정관리

우리는 비즈니스와 일상생활을 하면서 수없이 많은 사람들
을 만난다. 그럴 때마다 상대에게 호감 가는 밝은 표정, 미소

띤 표정을 갖는다는 것은 매우 중요하다. 특히 첫 만남인 경우에 첫인상은 오래도록 기억에 남는다. 호감 가는 표정을 가진 사람들의 몇 가지 특징과 기법을 소개한다.

1) 특징

첫째, 호감 가는 표정을 가진 사람들은 매우 적극적인 성격을 가지고 있다.

둘째, 밝은 마음을 가지고 있으며 다른 사람과의 만남이 편하다.

셋째, 항상 여유가 있다.

넷째, 일상 대화에서 유머를 잘 활용한다.

다섯째, 밝은 표정을 위해서 끊임없이 노력한다.

2) 표정관리 기법

그러면 어떻게 노력하면 될까? 표정은 습관이며 행동이다.

첫째, 사진을 바꾸어라. 개인의 신분증주민등록증, 면허증 등이나 혹은 가정에 걸어 둔 사진을 환하게 밝은 미소를 띤 사진으로 바꾸어라.

특히 우리나라 사람은 카메라 앞에만 서면 표정이 굳어진다. 그러므로 사진관에 가서 여러 컷을 찍어서 선택하면 된다.

둘째, 거울을 활용하리. 출근하는 현관이나 사무실의 책상과 같이 자주 볼 수 있는 곳에 거울을 달아라.

셋째, 수시로 자신의 웃는 모습을 보아라. 처음에는 우습지만 자꾸 하다 보면 재미있어진다.

넷째, 지속적으로 연습하라. 한 달, 두 달 반복하면 저절로 표정이 바뀐다.

다섯째, 사소한 일에 화를 내지 마라. 본인의 마음만 아프다.

이렇게 연습하다 보면 당신의 표정이 밝아질 것이며 당신의 침체된 삶이 성공적인 삶으로 변모될 것이다.

③ 외모와 복장

프리젠테이션의 경험이 쌓일수록 당신은 가장 강력한 시각자료는 바로 프리젠터 자신이란 것을 깨닫게 된다. 프리젠터가 말을 시작하기도 전에 청중고객은 이미 프리젠터에 관한 나름대로의 이미지를 형성한다.

프리젠터의 외모와 복장은 그의 공신력에 영향을 미친다. 프리젠터가 깔끔한 복장에 가지런한 모습으로 나타나면 청중고객은 그를 신중하고 준비가 잘 된 사람으로 평가한다. 그러나 허술한 복장에 너저분한 모습으로 나타나면 그를 경솔하고 제대로 준비가 안 된 사람이라 생각한다. 따라서 용모를 단정히 하고 복장을 가지런히 한 상태에서 프리젠테이션에 임해야 한다.

의상은 무언의 커뮤니케이션 수단이다. 타인과 나누는 대화가 기쁘기를 바라듯이 옷으로 남을 기쁘게 해 주겠다는 생각을 하며 선택하여야 한다.

프리젠터의 의상이란 어느 시각자료보다 강한 메시지를 청중고객에게 주는 것이며 개인의 생활 스타일과 태도를 나타내 주는 것이다. 의상이라는 포괄적인 의미에는 의상의 질감, 색상, 장신구, 구두 및 안경 등도 포함된다.

프리젠테이션을 할 때 의상은 보수적인 것이 가장 무난하다. 프리젠터는 먼저 자신이 입어서 편하고 남이 보아서 튀지 않는 의상을 입어야 한다. 또한 청중고객의 수준에 맞추어 위화감을 주지 않도록 신경을 쓰는 것이 바람직하다.

남성인 경우 정장만 한다면 크게 문제될 것이 없다. 예외가 있다면 프리젠테이션의 내용이나 대상에 따라 달라지는 경우가 있을 수 있다. 예를 들면 무대 장치에 관한 내용일 경우에 프리젠터가 정장을 하고 나타난다면 오히려 거리감을 줄 수 있다.

또 배지나 신분증이 있으면 가슴에 다는 것이 프리젠터에 대한 신뢰감을 형성하는 데 도움이 된다. 아울러 휴대전화나 열쇠고리 등 불필요한 소지품이나 소리가 나는 동전은 주머니에서 미리 꺼내 놓고 프리젠테이션을 하는 것이 좋다. 주머니에는 메모할 수 있도록 간단한 필기구와 손수건 정도만 지참하는 것이 좋다.

여성인 경우에 지나친 장신구의 착용은 메시지 전달에 장애가 될 수 있다. 따라서 번쩍이는 팔찌나 목걸이, 요란스러운 반지의 착용은 삼가는 것이 좋으며 달랑거리는 귀고리의 사용도 자제하는 것이 좋다.

너무 비싼 고급스러운 반지를 끼고 손을 흔들며 프리젠테 이션을 한다면 청중_{고객}은 '저 사람은 대단한 부자인가 보다. 남편이 돈을 잘 버나? 무엇 하는 사람일까? 아니면 저 여성이 돈을 잘 버는가?' 등등의 생각으로 프리젠테이션보다는 반지 에 더 신경을 쓰게 된다.

또한 프리젠터가 최신 유행하는 특이한 옷을 입는다면 패 션쇼에 온 것 같은 느낌을 줄 것이며 전달하고자 하는 메시 지를 경청하는 데 도움이 되지 않을 것이다.

프리젠터에게 이상적인 복장은 의상이나 장신구가 청중_{고객}이 메시지를 경청하는 데 저해 요소가 되지 않는 것이어야 한다.

치렁치렁한 여성의 긴 머리가 때로는 매력적일 수 있으나 프리젠테이션을 할 때 긴 머리는 전문직 여성의 이미지를 주 기 힘들다. 따라서 여성 프리젠터는 치장을 하되 그 치장이 메시지 전달에 방해가 되지 않는 범위 내에서 해야 한다.

여성 프리젠터가 화장을 하는 것이 좋은가? 안 해도 되는 가? 프리젠터이든 아니든 간에 직장을 다니는 여성이 화장을 한다는 것은 기본 예의이다.

한때는 공부를 많이 한 여성들이 화장도 안 하고 의상에도 신경을 쓰지 않고 다니는 것이 미덕으로 보일 때도 있었다. 그러나 자다 나온 것 같은 모습의 여성을 아름답게 볼 사람 은 아무도 없다. 화장이란 타인에 대한 나의 배려이다.

1. 좋은 복장 포인트

① 양복의 깃: 셔츠의 깃이 상의에 깃에서 1~1.5cm 정도 나오게 한다. 셔츠와 양복의 깃은 옆에서 보았을 때 평행인 것이 미관상 아름답다.

② 상의 소매: 상의 부리에서 셔츠의 커프스소매가 1~1.5cm 정도 나와야 하며 셔츠의 커프스는 손목에 있는 둥근 뼈를 살짝 가려야 한다.

③ 하의: 바지의 양쪽 끝이 위에서 보았을 때 구두 윗면을 덮은 정도의 길이가 바지를 살아 있는 실루엣으로 보이게 한다.

④ 상의 길이: 양손을 아래로 내렸을 때 옷자락이 가볍게 잡힐 정도가 좋다.

⑤ 셔츠: 자신의 사이즈에 맞는 셔츠를 구입한다. 셔츠가 몸에 맞지 않으면 슈트suit의 스타일이 세련되어 보이지 않을 수 있다. 셔츠의 적당한 목둘레는 실제 목둘레 치수에 2cm를 더한 사이즈이다. 즉 검지를 넣을 수 있을 정도의 목둘레 여유분이 있는 것이 바람직하다. 또한 소매 길이는 팔을 완전히 내린 상태에서 손목으로부터 1cm 밑에 커프스의 끝이 오는 것으로 구입하는 것이 좋다.

⑥ 색상: V존의 색상 대비에 세심한 주의를 기울인다. 어두운 색상의 슈트에는 밝은 색상의 셔츠가, 밝은 색상의 슈트에는 약간 진한 색의 셔츠가 어울린다. V존의

중앙에 오는 넥타이에 비해 셔츠가 너무 많이 보이면 산만한 인상을 주기 쉬우며, 특히 흰색 셔츠는 더욱 세심한 주의를 기울여야 한다.

⑦ 타이 선택: 패션 연출에 자신이 없을 때는 솔리드solid 타이를 한다. 넥타이 연출에 자신이 없다면 심플한 무지의 넥타이나 색상과 패턴이 많지 않은 솔리드에 가까운 느낌의 넥타이를 하도록 한다. 무늬가 많이 든 넥타이를 세련되게 연출하기 위해서는 많은 경험과 안목, 감각 등이 필요하므로 초보자가 매기에는 적당하지 않다.

⑧ 넥타이 길이: 넥타이의 끝은 벨트를 넘지 말아야 한다. 보기 좋은 넥타이란 벨트를 넘지 않는 정도의 길이를 말한다. 이보다 짧거나 길면 어색한 느낌을 줄 수 있다.

⑨ 넥타이 색상: 셔츠와 넥타이를 동색 계열로 맞춘다. 일반적으로 셔츠와 넥타이를 비슷한 색상으로 연출하면 무난한 슈트 차림이 된다. 예를 들어, 옅은 파란색 셔츠에 진한 파란색 넥타이를 하면 완벽한 조화를 이루게 된다. 이때 재킷도 같은 색상으로 맞추면 더욱 효과적이다.

2. 주의 사항

• 드레스 셔츠 속의 내의가 비쳐 보이지 않아야 한다. 정장 차림에서는 드레스 셔츠 속에 아무것도 받쳐 입지 않는 것이 원칙이다.

- 드레스 셔츠는 긴소매여야 한다. 반소매 셔츠에 넥타이를 매는 것은 정장 차림이 아니며 반팔에 넥타이를 매고 슈트 상의를 입는 것은 신사라 할 수 없다.
- 망사 구두는 신지 말아야 한다. 정장 차림에 발가락이 비치는 망사 구두는 피하는 것이 좋다.
- 흰 양말은 피해야 한다. 흰 양말은 캐주얼웨어를 입을 때나 착용하는 것이고 정장에는 슈트나 구두에 색상을 맞추는 것이 좋다.
- 노타이에 셔츠의 깃을 저고리 밖으로 내놓던 시대는 지났다. 한때 노타이 오픈칼라 셔츠가 공무원들의 유니폼처럼 되기도 했으나 이것은 상대방에게 예의가 아니며 피해야 할 사항이다.
- 상의 앞가슴 주머니는 장식일 뿐이다. 상의 앞가슴 주머니에 볼펜, 만년필 등을 잔뜩 꽂고 다니는 것을 피해야 한다.
- 벨트를 할 때는 멜빵을 하지 않는다.

6.2 스피치

① 좋은 표현의 조건

1. 청중(고객)의 수준에 맞아야 한다

표현방식을 결정할 때 가장 유의해야 할 것은 청중고객의 지식수준에 맞아야 한다는 것이다. 청중고객의 지식수준이 낮은 경우에는 가능한 한 쉽게 표현해야 한다. 어휘 자체도 쉬워야 하며, 문장의 구조도 단순해야 한다.

청중고객의 지식수준이 낮은데도 어려운 단어를 섞어 쓰고 복잡한 구문으로 표현하는 것은 자신의 지식을 자랑하는 데는 효과적일지 몰라도 프리젠테이션의 목적 달성에는 매우 비효과적이다.

반대로 청중고객의 지식수준이 높은 경우에는 어려운 단어와 복잡한 구문을 구사할 필요가 있다. 특히 전문적인 집단을 대상으로 프리젠테이션을 하는 경우에는 그들에게 익숙한 전문용어들을 사용하는 것이 좋다.

지식수준이 높은 청중_{고객}은 일상적인 단어나 표현보다는 전문적인 어휘나 관념적인 표현에 익숙하기 때문에 너무 쉽게 표현하면 오히려 역효과를 가져올 수 있다.

2. 명쾌해야 한다

프리젠터는 항상 자기가 하고 싶은 말을 명쾌하게 표현하는 습관을 길러야 한다. 명쾌하다는 말은 쉽게 표현하라는 말과는 사뭇 다르다.

어려운 표현을 쓰더라도 그 의미가 명확한 경우에는 명쾌성이 유지될 수 있지만 쉬운 표현을 쓰더라도 의미가 분명히 드러나지 않으면 모호해질 수밖에 없다.

이를테면, "스피치의 효율성을 견지하려면 청중_{고객}의 수준에 적절한 표현방식을 사용해야 한다."라는 말은 어려운 표현이지만 그 의미가 분명하게 드러난다.

그러나 이것을 쉽게 표현하고자 하여 "말이 제대로 되게 하려면 듣는 사람이 쓰는 말을 쓰는 것이 좋다."라고 하면 오히려 그 의미가 불분명해진다. 후자의 경우 단어 하나하나는 전자보다 더 명확하고 쉽지만 그들이 모여서 만든 구나 절이 매우 모호하기 때문에 그 뜻이 명쾌하지 않다.

의미가 명쾌해지려면 우선 단어 자체가 구체적이면서도 의미가 있어야 한다. 일반적으로 쉽고 자주 쓰이는 단어가 어렵

고 전문적인 단어보다 더 구체적인 의미를 갖는다. '프리젠테
이션'이라는 단어보다는 '말'이라는 단어가 더 구체적이고 '효
율성'보다는 '제대로 됨'이 더 구체적이다.

3. 자신의 뜻을 정확하게 전달해야 한다

프리젠터는 자신이 하고자 하는 말을 정확하게 표현할 수
있어야 한다. 우리 속담에 "아 다르고 어 다르다"라는 말이 있
듯이, '아'로 표현해야 할 것을 '어'로 표현하게 되면 정확한
의미가 전달되지 않는다.

따라서 자신의 뜻을 가장 정확하게 나타낼 수 있는 어휘와
표현방식을 찾는 일은 매우 중요하다.

4. 창의적인 표현을 사용하라

우리나라 프리젠터들은 공식처럼 사용되는 낡고 진부한 표
현들을 즐겨 쓰는데, 이것은 별로 좋은 방법이 아니다. 왜냐
하면 사람들은 너무 익숙한 것에는 별로 주의를 기울이지 않
는 버릇이 있기 때문이다.

프리젠테이션에서 공식화된 표현을 사용하면 청중_{고객}은 특
별히 주의할 필요성을 느끼지 못하기 때문에 그냥 지나쳐 버
리게 되고, 결국 그 표현은 의도한 대로 효과를 거두지 못하
게 된다.

그러므로 프리젠테이션을 할 때는 남들이 흔히 쓰는 표현

을 피하고 독창적이고 빛나는 표현들을 사용하여 프리젠테이션에 신선함을 주어야 한다. 다음 표에서 형식적인 표현방법의 예와 이에 대한 창의적 표현방법을 예시하였다.

형식적 표현 및 창의적 표현방법

형식적 표현	창의적 표현
친애하는 ○○여러분	○○여러분, 사랑하는 ○○여러분, 존경하는 ○○여러분
선견지명	앞날을 내다보는 혜안, 미래를 예측하는 지혜
우국충정	국가와 민족에 대한 사랑, 나라를 아끼는 마음
칠전팔기	불굴의 투지, 쉽게 좌절하지 않는 의지, 끊임없는 도전
성심성의	마음을 다함, 정성을 다함, 최대한의 정성을 쏟음
금수강산	푸른 산과 맑은 물, 깨끗한 우리 강산, 뛰어난 자연환경
구사일생	겨우 가까스로, 아슬아슬하게
설상가상	일이 더욱 어렵게 됨, 둑 터진 논에 홍수 덮치는 식
금상첨화	일이 더욱 잘 됨, 대학 합격하고 장학금 받는 식
이전투구	서로 물고 뜯는 싸움
그림 같은 집	예쁜 집, 사진에 나올 만한 집
꽃다운 나이	젊고 아름다운 나이, 푸르디푸른 나이
희망찬 나날	앞날에 대한 기대로 가슴 뛰던 나날
보람찬 하루	'그래 해냈다'는 만족감을 주는 하루
화창한 봄날	햇살과 꽃망울이 정답게 느껴지는 봄날
지루한 장마	끝날 듯 끝날 듯 끝나지 않는 장마
화기애애한 분위기	좋은 분위기, 모두가 즐거워하는 분위기
우거진 숲 속	깊고 푸른 숲 속, 길을 찾기 힘든 숲 속
별이 빛나는 밤	서울 하늘 위로도 별이 보이는 밤
열악한 환경	좋지 못한 환경, 부족한 환경

2 표현기법의 유형

프리젠테이션의 표현기법은 프리젠터 스스로가 창의적으로 개발하는 것이 가장 좋다. 창의성을 가지라는 것은 지금까지 한 번도 사용된 적이 없는 기법들을 사용하라는 것이 아니고,

남들이 흔히 쓰는 방식을 모방하지 말라는 말이다.

그러기 위해서는 우선 다양한 표현의 기법들을 익혀야 하고, 이들을 적재적소에 응용하는 방법을 터득하여야 한다.

1. 관점을 표현하는 기법

관점이란 자신의 주관적 판단을 말하는 것이다. 좋은 프리젠터가 되려면 자신의 주관을 효과적으로 표현할 수 있어야 한다. 프리젠테이션은 청중고객으로 하여금 자신의 관점을 채택하도록 하기 위해서 하는 것이기 때문이다.

자신의 주관을 표현할 때 사용할 수 있는 기법에는 맥심화 maxim 기법, 과장 기법, 약화 기법, 아이러니irony 및 도치 반복 기법 등이 있다.

1) 맥심화 기법

맥심화 기법은 관점을 표현하는 기법 중에서 가장 단순한 것으로서 자신의 생각을 하나의 원칙처럼 표현하는 기법이다.

예를 들어, "소비자에게 인기 있는 제품을 만들기 위해서는 우선 그들이 무엇을 필요로 하는지 알아야 합니다."라는 식으로 자신이 주장하는 바가 하나의 원칙임을 강조하는 것이 맥심화 기법이다.

2) 과장 기법

과장 기법이란 눈에 보이는 것이나 그 이면에 숨어 있는 의미를 과장되게 표현함으로써 자신의 관점을 부각시키는 방법이다. "지금 우리가 당면하고 있는 문제는 인류 역사상 그 누구도 겪어 보지 못한 심각한 문제입니다." 또는 "지금 우리 회사는 모든 경쟁사들을 무찌르고 시장 한가운데 우뚝 서게 되느냐, 아니면 경쟁사들의 뭇매를 이기지 못하여 시장 한쪽 구석으로 자취를 감추게 되느냐 하는 기로에 놓여 있습니다."라는 표현들은 당면한 문제가 심각하다는 자신의 관점을 부각시키기 위한 과장 기법이다.

3) 약화 기법

약화 기법이란 과장 기법과 반대로 눈에 보이는 현상이나 그 이면에 숨어 있는 의미를 지나치게 약하게 표현함으로써 오히려 그 의미를 강조하는 기법이다.

약화 기법은 자신이 뜻한 바를 보다 약하게 표현하기 위해서, 또는 실제 상황을 과소평가하기 위해서 사용하는 것이 아니다. 표현은 약하게 하되 의미 자체는 자신이 의도한 바를 그대로 전달할 수 있어야 효과적인 약화 기법이라 할 수 있다.

예를 들어, 문제의 심각성을 강조할 때 "우리가 당면한 문제는 별것 아닙니다."라고 한다면 이것은 의미 자체를 약화시키기 때문에 직질한 표현이 될 수 없다.

대조적으로 "우리가 당면한 문제는 우리의 수면시간을 제법 뺏어갈 만한 문제입니다."라는 표현은 '이 문제로 인하여

잠도 제대로 잘 수 없다'는 것을 약하게 표현한 것으로서 문제의 심각성을 그대로 전달하고 있다.

4) 아이러니 기법

아이러니란 자신이 전달하고자 하는 의미와 정반대되는 표현을 사용하는 기법이다. 이를테면, 상대의 멍청함을 지적하기 위해 "너 정말 천재다."라고 하거나, 매사가 잘 안 풀려 나갈 때 "오늘은 참 억세게 재수 좋은 날이다."라고 하는 것을 아이러니라 한다.

아이러니는 말이나 논리 속에서 존재하는 모순이나 기대의 배반을 이용하는 것이기 때문에 청중고객이 그 모순이나 어처구니없음을 깨닫지 못하면 오발탄으로 끝나고 만다.

이를테면, 잘 모르는 사람을 지칭하면서 "그 사람은 정말 천재다."라고 한다면 청중고객은 그 사람이 멍청해서 천재라 하는 것인지 정말 천재라서 천재라 하는 것인지를 알 길이 없다.

따라서 아이러니는 청중고객이 잘 알고 있으며 나름대로의 생각을 가지고 있는 대상이나 상황에 대해 사용되는 것이며, 그들의 생각과 정반대되는 표현을 써서 그들의 기대를 깨뜨릴 때 그 묘미가 더해지는 것이다.

5) 도치 반복 기법

도치 반복 기법이란 "사람은 살기 위해 먹지, 먹기 위해 사는 것은 아니다."라는 식으로 같은 구조를 가진 말을 반복하되 뒤에 나오는 말이 앞에 나온 말의 주객을 뒤바꾸어 놓는 기법이다.

이 기법은 자신이 하고자 하는 말을 비슷한 말로부터 분리하여 대조하고자 할 때 사용하면 효과적이다.

"사람이 로마를 만든 것이지 로마가 사람을 만든 것은 아닙니다. 위대한 사람들이 위대한 국가를 만드는 것이지 위대한 국가가 위대한 사람을 만드는 것은 아닙니다."라는 표현이나 "국가가 여러분을 위해 무엇을 해줄 것인지를 묻지 말고, 여러분이 국가를 위해 무엇을 할 것인지를 물으십시오."라는 표현은 모두 반복 도치 기법을 사용한 것이다.

2. 현상을 묘사하는 기법

묘사란 눈에 보이는 것을 주관적으로 그려 내는 기법을 가리킨다. 앞에서 논의한 관점의 표현 기법들은 연사 자신의 주관을 표현의 대상으로 하지만 묘사의 기법들은 겉으로 드러나는 현상을 대상으로 삼는다.

현상을 표현한다는 점에서 묘사하는 기술과 유사하다. 그러나 객관적 서술을 중시하는 기술과는 달리 묘사는 주어진 대상을 주관적으로 그려 내는 것이다. 묘사 기법에는 시적 묘사 기법과 회화적 묘사 기법이 있다.

1) 시적 묘사 기법

시적 묘사 기법은 매우 짧은 문장을 사용하여 현상을 그려 내는 기법이다. 이를테면, "우리의 오늘은 혹독합니다. 춥습니다. 그리고 배가 고픕니다. 그러나 우리에겐 내일이 있습니다. 내일은 춥지 않습니다. 따스합니다. 배고프지도 않습니다. 외롭지 않습니다. 결코 슬프지도 않을 것입니다."라는 식으로 각각의 아이디어를 짧은 문장으로 끊어 표현한다면 "우리의 오늘은 혹독하며 춥고 배고픕니다. 그러나 우리의 내일은 춥지도 않고 따스하며, 배고프지도 않고, 외롭거나 슬프지도 않을 것입니다."라고 하는 것보다 훨씬 더 절실한 느낌을 준다.

2) 회화적 묘사 기법

회화적 묘사 기법은 대상이나 현상을 그림을 그리듯 생생하게 그려 내는 기법을 가리킨다.

이를테면, "지금 제 눈에는 우리 회사의 미래가 그림처럼 다가오고 있습니다. 지금 사옥이 있는 자리에는 20층에 이르는 최첨단 인텔리전트 빌딩이 세워집니다. 차에서 내려 빌딩의 정문 앞에 서면 진녹색의 유리문이 좌우로 미끄러져 열립니다. 우윳빛 대리석을 밟으며 로비 안으로 들어서면 큰 분수대 주위에 열대 활엽수들이 가벼운 바람에 그 여유 있는 잎을 흔들고 있습니다. 즐거운 마음으로 엘리베이터 앞에 서면……." 하는 식으로 자신이 제시하고자 하는 미래의 모습을 그려 내는 방식이다.

시적 묘사 기법이 간결하다는 특징을 갖고 있다면, 이 기법
은 세세하다는 특징을 갖는다. 그러므로 회화적 묘사 기법을
사용할 때는 시간적인 여유를 가지고 천천히 그리고 자세하
게 그려 나가야 한다.

3. 비유에 의한 표현기법

흔히 비유법이라고 불리는 비유에 의한 표현기법은 자신이
표현하고자 하는 바를 다른 어떤 대상에 빗대어 표현하는 것
이다. 비유의 방법에는 은유metaphor, 직유simile, 그리고 반유
antithesis가 있다.

비유는 요지에 부합되어야 한다. 비유를 들을 경우 그것이
요지와 부합되지 않을 때 청중고객은 혼동을 하게 된다. '프리
젠터가 왜 이러한 비유를 들었을까?', '이것이 내용과 무슨
관계가 있는 것일까?' 등을 생각하느라 프리젠테이션의 내용
에 귀를 기울이게 되지 않는다. 따라서 요지에 걸맞은 비유가
없을 때에는 사용하지 않는 것이 더 좋다.

1) 은유법

은유란 한 대상이나 현상을 그것과 비슷한 속성을 가진 다
른 대상이나 현상을 통하여 표현하는 기법이다.

2) 직유법

직유는 한 대상이나 현상을 그것과 비슷한 속성을 가진 다른 대상이나 현상과 결합시켜 표현함으로써 이 두 대상이나 현상이 갖는 공통적 속성을 부각시키는 표현 기법이다.

3) 반유법

반유란 자신이 주장하고자 하는 것과 상반되는 것을 모두 언급한 다음 이 둘 사이의 대조 효과를 노리는 기법이다.

4. 극화 기법

청중고객의 흥미를 돋우고 프리젠테이션을 더욱 박진감 있게 하기 위해서는 때로 자신이 전달하고자 하는 내용을 극화할 필요가 있다. 이때 사용할 수 있는 기법에는 대화 실연dialogue과 의인화personification가 있다.

1) 대화 실연 기법

대화 실연 기법은 어떤 상황의 전개과정을 설명할 때나 줄거리를 가진 이야기를 들려 줄 때 흥미를 더하기 위해 사용하는 기법이다. 이것은 제3자의 입장 또는 해설자의 입장에서 이야기를 하지 않고 자신이 그 이야기 속의 주인공인 것처럼 실제 대화를 실연하는 기법이다.

2) 의인화 기법

의인화란 사람이 아닌 동물이나 식물 또는 물건의 모습이나 행위를 마치 사람들의 모습이나 사람들의 행위인 것처럼 묘사하는 방법이다.

③ 효과적 표현 요령

성공적인 프리젠테이션을 하기 위해서 프리젠터는 명쾌하게 이야기를 이끌어 나가야 한다. 명확한 메시지 전달을 위해서는 다음과 같은 점에 유의하여야 한다.

① 짧은 문장을 사용
② 복문보다는 단문을 사용
③ 간접화법보다는 직접화법을 사용
④ 표준어를 사용
⑤ 쉬운 단어를 사용
⑥ 발음하기 어려운 단어의 사용을 절제
⑦ 여러 가지 의미로 해석될 수 있는 단어의 사용을 억제
⑧ 특수 용어나 전문 용어의 사용을 절제
⑨ 불필요한 단어를 삭제
⑩ 제한된 메시지를 소개
⑪ 불필요하게 상세한 정보는 생략
⑫ 주요 골자는 반복 소개

⑬ 잘 기억할 수 있도록 은유나 비유를 활용

이 밖에도 효과적으로 메시지를 전달하기 위한 표현 방법들을 알아보면 다음과 같다.

1. 인 용

프리젠터는 역사적 인물이나 학자, 저명인사 또는 고전, 격언, 속담 등을 인용함으로써 설득의 효과를 높일 수 있다. 이는 권위효과를 이용하는 것이다.

목사가 설교를 할 때 "성서에 '지혜가 보석보다 낫다.'는 말씀이 있습니다. 이 말씀의 참뜻은 무엇일까요? 지혜에 대해서 먼저 생각해 봅시다. 지혜는 IQ에 지나지 않을까요? 물론 그렇지 않습니다. 세상에는 IQ는 높으나 지혜롭지 못한 사람들이 많이 있습니다."라고 한다면 이는 성서의 문구를 인용함으로써 설교의 효과를 높이기 위함이다.

또한 프리젠터는 연구결과를 인용할 수도 있다. 연구결과나 통계자료는 사실에 근거한 것이므로 제시한 내용을 정당화하고 재확인시켜 주기 위하여 흔히 사용된다. 이때 연구결과나 통계자료는 최근의 것일수록 좋다.

인용의 실례로는 프리젠테이션에 있어서 시각자료의 중요성을 부각시키고자 할 때 앨버트 메라비언Albert Mehrabian 교수의 연구결과Silent messages. 1972를 인용하는 경우가 있다.

P. F Drucker가 Next Society에서 주장한 바에 따르면 "미

래사회는 지식정보사회로서 새로운 시대에 대응하기 위하여 정규 교육의 이수 및 평생 학습의 중요성이 더 커진다."라고 인용한 것도 이에 해당한다.

2. 예시 또는 예화

예시는 유사한 사실이나 현상을 예로 들어 설명하는 방법이며, 예화는 실제로 있었던 경험담이나 사건 등을 예로 들어 설명하는 방법이다.

프리젠테이션을 할 때 예를 들어 준다는 것은 청중고객과 경험을 함께 나눔으로써 요지를 보충해 주는 역할을 해 준다.

예를 들면 "프리젠테이션을 잘하는 것은 출세에 지대한 영향을 미칩니다."라고 이야기한 후에 "한 예로, 톰 피터스는 프리젠테이션을 잘하였기 때문에 출세한 사람이라고 볼 수 있습니다."라고 부연해 줌으로써 말한 내용을 확인시켜 줄 수 있다.

예를 들 때에는 그림으로 보여 주기보다는 대개 말로 제시해 줌으로써 청중고객으로 하여금 머릿속에서 나름대로 상상할 수 있도록 도와주는 것이 효과적이다.

3. 비 교

비교는 제시한 내용을 명료화시켜 주거나 강조해 주는 역할을 한다. 비교를 하는 대상이 청중고객이 잘 알고 있는 것이라면 이해에 도움이 되고 일단 이해가 되면 동의하기가 용이

해질 것이다.

4. 반 복

요지를 자주 상기시켜 주는 것이 좋다. 요지는 서술적으로 할 수도 있지만 질문 형식으로 할 수도 있다. 이렇게 요지를 상기시켜 줌으로써 청중고객이 프리젠터와 함께 이야기를 꾸려 나가고 있다는 것을 수시로 확인시켜 줄 필요가 있다.

5. 낱말 쪼개기

"오늘 저는 'LOVE'에 대해서 말씀드리려고 합니다. 먼저 'L'은 Laughter를 나타냅니다. 웃음이 우리 삶에서 대단히 중요한 이유는……."

"인생의 목표는 SMART하여야 합니다. 여기서 'S'는 Specific구체적을 나타냅니다. 즉 목표는 구체적이어야 한다는 의미입니다. 또……."

"자기경영의 목표는 모든 사람이 별처럼 사는 것입니다. 별 STAR처럼 아름다운 삶을 위해서는 다음과 같은 행동을 습관화해야 합니다."

- Stop & Review – 멈추어 돌아보기
- Targeting – 삶의 의미와 목표 찾기
- Action – 우선순위에 따라 실행하기
- Rewards – 자신과 사회에 보상하기

6. 용 어

전문용어나 약어의 사용을 삼간다. 특히 청중_{고객}에게 익숙하지 않은 전문용어나 약어는 사용하지 않는 것이 좋다.

또 전문용어가 아니고 상투어나 은어 또는 유행어일지라도 그 뜻을 모르는 사람이 있을 수 있으므로 유행어 등의 사용도 청중_{고객} 대부분이 다 안다고 판단되지 않는 한 사용하지 않는 것이 바람직하다.

그러나 FAX, OHP, TEL 등과 같이 일반화된 용어는 그대로 사용해도 무방하다. 용어의 사용에 있어서는 늘 청중_{고객}의 입장에서 고려해야 한다.

또한 사용하는 언어에 따라 그 의미가 달라지는 경우가 있으므로 이를 유의해야 한다. 예를 들어, 영어에서 'Pain'은 '고통, 괴로움' 등의 뜻이지만 불어로는 '빵'을 뜻한다. 우리말의 숫자 '5'는 영어에서는 알파벳 'O'로 발음되기도 한다.

7. 숫 자

숫자를 이야기할 때에는 대략적으로 서술한다. 단, 과학이나 수학 등 정확한 수치를 요구하는 경우는 제외된다. 예를 들면 '48.27%'보다는 '대략 반 정도'라고 이야기하는 것이 더 좋으며 정확한 데이터를 요하는 발표가 아니라면 소수점은 생략하는 것이 상례이다.

숫자를 다룰 때에는 청중_{고객}에게 이해가 가도록 비교해 주는 것이 좋다. "이번 시공할 도로의 총 길이는 8,600km입니다."라고 한다면 얼마나 먼 거리인지 이해할 수 있는 사람이 많지 않을 것이다.

이 경우에는 "이번 시공할 도로의 총 길이는 서울에서 부산까지 10번 왕복하는 거리와 비슷합니다."라고 하면 훨씬 이해하기 쉽다.

크기를 이야기할 때에도 우리에게 친숙한 사물로 비유를 들어 주는 것이 좋다. "흔히 카페에서 주는 성냥갑보다 더 작다."라고 이야기한다든가 "올림픽 잠실경기장과 같은 크기"라고 이야기해 준다면 쉽게 이해가 될 것이다.

8. 구체적 이익 또는 손실 제시

프리젠테이션에서 무슨 이득을 얻게 될 것인지, 또는 프리젠테이션대로 안 할 경우 어떤 손실을 입게 되는지를 구체적으로 청중고객에게 알려 주면 관심이 집중되어 프리젠테이션 효과가 높아지게 된다. 프리젠테이션 초반에 알려 주면서 자주 강조하고 그 내용을 상기시키는 것이 좋다.

커뮤니케이션 전문가 앨런 와이너는, 청중고객은 모두 이득의 문제에 대한 궁금증이 잠재되어 있다고 말한다. 즉 돈을 벌거나 시간을 절약하거나, 아니면 스트레스, 근심, 우유부단, 마음의 혼란 등을 감소시키는 데 도움이 될 만한 내용이 혹시 있을까 하고 궁금하게 여긴다는 것이다. 따라서 청중고객의 요구에 민감한 프리젠터는 이러한 문제를 가능한 한 많이 다루기 마련이다.

④ 스피치의 실행

훌륭한 프리젠테이션을 하려면 내용도 좋아야 하고 표현 스타일도 적절해야 하지만 실행하는 기술전달기술 역시 뛰어나야 한다. 어떤 프리젠터들은 매우 좋은 내용을 준비했음에도 불구하고 실행 기술이 부족하여 효과적으로 전달하지 못한다.

발표 불안증이나 자신감의 결여로 인하여 평소의 실행 능력을 제대로 발휘하지 못하는 점도 있겠지만 프리젠터가 실행의 기본 원칙을 제대로 이해하지 못하고 있기 때문에 이런 일들이 생겨난다.

프리젠테이션을 효과적으로 실행하기 위해서는 프리젠터가 준비한 내용에 적절한 실행 방법을 택해야 한다.

1. 스피치의 실행 방법

스피치의 실행 방법에는 대본 암송, 대본 낭독, 개요서에 기초한 실행, 그리고 즉흥적 실행 등이 있다.

대본 암송과 대본 낭독은 완성된 대본에 기초한 실행 방식으로 전자는 대본을 지지구구 암기하여 실행하는 방식이며, 후자는 대본을 암기하지 않고 읽어 나가는 실행 방식이다.

개요서에 기초한 실행은 완성된 대본을 준비하지 않고 개

요서만 작성한 다음 이에 부연설명을 덧붙여 가며 실행하는
방식이다. 마지막으로, 즉흥적 실행은 사전에 아무런 준비가
없는 상태에서 현장에서 생각나는 대로 프리젠테이션을 해
나가는 방식이다.

1) 대본 암송

대본 암송은 프리젠테이션 실행 방식 중에서 가장 원시적
인 방식이다. 이 방식은 다른 방식들에 비해 더 많은 시간과
노력을 요하지만 그 효과는 오히려 다른 방식들에 비해 상당
히 미비하다.

대본을 자자구구 작성하고 이를 하나하나 외우려 하면 엄
청난 시간과 노력이 소요되지만 막상 실행하려 하면 모든 것
이 자연스럽게 떠올라 주지 않는다. 기억을 더듬으면서 필요
한 내용을 찾으려 노력하다 보면 모든 의식이 자신의 머릿속
에 집중되기 때문에 청중고객이나 주위 상황에 신경을 쓸 틈
이 없어진다.

이렇게 되면 프리젠테이션은 마치 초등학생이 책을 읽거나
동화를 구연하는 듯한 어색한 투로 실행될 수밖에 없으며, 이
러한 프리젠테이션에 감동을 느낄 청중고객은 아무도 없다. 그
러나 이 방법은 시간과 노력이 많이 든다는 단점 외에도 청
중고객의 반응에 따라 적절히 대응할 수 없기 때문에 프리젠
터 혼자 일방적으로 진행하는 프리젠테이션으로 끝날 수 있

는 위험성을 지니고 있다. 가장 초라한 프리젠테이션은 이처럼 청중_{고객}으로부터 분리되어 프리젠터 혼자 실행하는 프리젠테이션이다.

따라서 유능한 프리젠터가 되고자 하는 사람에게 이 방법은 적절하지 않다.

대본 암송도 나름대로의 장점은 있다. 대본을 작성하면서 여러 가지 다른 표현들을 서로 비교해 본 후 가장 적절한 표현을 찾아낼 수 있고, 완성된 대본을 사용하므로 순간적인 재치를 필요로 하지 않는다. 따라서 프리젠테이션 경험이 별로 없는 프리젠터들에게는 매우 유혹적인 방법이 될 수도 있다.

2) 대본 낭독

대본 낭독은 완성된 프리젠테이션 대본 또는 원고를 차례대로 읽어 나가는 것으로 여러 가지 장점을 가지고 있다.

첫째, 아무것도 암기할 필요가 없으므로 실행을 위한 노력이 들지 않는다. 둘째, 작성된 대본을 읽기 때문에 준비과정에서 마련해 둔 세세한 표현들을 그대로 사용할 수 있다. 셋째, "잘 생각나지 않으면 어떡하나" 하는 걱정도 할 필요가 없다.

그러나 이 실행 방법은 장점보다는 단점이 더 많다. 첫째, 프리젠테이션의 생명인 자연스러움을 견지하기가 힘들다. 숙달된 프리젠터는 원고를 읽으면서도 비교적 대화체에 근접하는 방식으로 발표할 수 있으나 대부분의 프리젠터들은 대본을 읽는 경우 낭독조로 발표하게 된다.

둘째, 원고를 줄곧 내려다보아야 하기 때문에 청중고객을 마주하고 발표할 수 없다. 청중고객은 프리젠터를 보지만 프리젠터가 아래만 내려다보는 경우에는 청중고객을 장악하는 것이 불가능해진다.

셋째, 완성된 원고를 사용하기 때문에 청중고객의 반응에 적절히 대응할 수 없다. 청중고객의 반응에 대응하다 보면 원고의 흐름을 깨뜨려야 하고 반대로 원고에 충실하려다 보면 청중고객의 반응을 무시해야 하기 때문이다.

따라서 낭독을 하는 프리젠터는 청중고객과의 상호작용이나 적극적인 커뮤니케이션을 포기할 수밖에 없는 것이 보통이다. 청중고객과의 상호작용을 불가능하게 만들기 때문에 낭독식 실행은 현장에서 청중고객을 이해시키거나 설득하는 데 전혀 효과가 없다.

그러나 자신의 의사를 정확하게 표명하는 데 효과적인 방법이다. 따라서 현장에서는 일단 자신의 의사만 발표하고 청중고객이 그것을 이해하거나 그것에 의해 설득되는 것이 차후의 문제라 생각될 경우에는 이 실행 방식을 사용하는 것이 좋다.

예를 들어, 대통령의 연두 교서나 중요 정치인의 거취 표명 또는 기관장의 정책 발표 등은 그 자리에서 청중고객을 이해시키는 것보다는 자신의 의사를 정확하게 표명하는 것이 더 중요하기 때문에 대본 낭독법을 사용하는 것이 효과적이다.

3) 즉흥적 실행

즉흥적 실행은 프리젠테이션을 준비할 시간이 없을 경우에 사용하는 실행 방식이다. 준비할 여유가 주어졌음에도 불구하고 자신의 재능만 믿고 현장에서 프리젠테이션을 실행하고자 한다면 내용도 부실해지거니와 프리젠테이션의 체계가 결여되어 좋은 프리젠테이션을 해낼 수 없다.

약간의 시간이라도 주어지면 주요 아이디어만이라도 정리를 하여 이를 기초로 프리젠테이션을 하는 것이 아무것도 준비되지 않은 상태에서 하는 것보다는 낫다.

4) 개요서에 기초한 실행

프리젠테이션 실행 방식 중에서 가장 바람직한 것은 개요서에 기초한 실행 방식이다. 이 방식은 프리젠테이션 대본을 자자구구 작성하지 않고 개요서만을 작성한 다음에 부연설명과 세세한 표현은 상황에 맞도록 자유롭게 실행하는 방식이다.

이 방식은 여러 가지 장점을 가지고 있다. 첫째, 이 방식을 사용하면 청중고객을 마주하고 대화하듯이 자연스럽게 프리젠테이션을 실행할 수 있다. 잠깐 개요서를 내려다보고 거기에 적힌 골자만을 참고로 한 다음 청중고객을 보고 그 자리에서 부연설명과 세세한 표현들을 덧붙여 나간다. 때문에 어색한 낭독조가 나올 염려도 없고 외운 것을 기억해 내기 위해 멍한 표정으로 천장을 올려다볼 필요도 없다.

둘째, 청중고객의 반응과 상황의 변화에 적절히 대응할 수 있다. 이 방식은 프리젠테이션 대본을 자자구구 작성하지 않기 때문에 중간에 약간 계획을 바꾸더라도 전체의 흐름은 깨어지지 않는다.

셋째, 이 방식을 사용하면 청중고객을 장악하는 것이 용이해진다. 훌륭한 프리젠터는 청중고객과 분위기를 장악할 수 있어야 한다.

개요서에 기초하여 실행을 하는 경우에는 청중고객을 마주하여 자연스런 대화조로 이야기하고 청중고객의 반응과 상황의 변화에 적절히 대응할 수 있기 때문에 청중고객을 쉽게 장악할 수 있다.

그러나 이 방식에 단점이 없는 것은 아니다. 이 방식은 완성된 대본을 사용하지 않기 때문에 최적의 표현을 준비해 두기 어렵고, 연습 때 좋은 표현들을 생각해 두었다 하더라도 적어 두지 않았으므로 이를 기억하지 못할 수도 있다. 또한 순간순간 부연설명과 좋은 표현들을 떠올려야 하므로 경험이 없는 프리젠터들이 사용하기에는 무척 힘든 방법이다.

그러나 이러한 단점들은 본질적인 것이 아니다. 개요서를 작성한 후 발표하는 연습을 충분히 해 두면 적절한 표현을 떠올리기가 그렇게 어렵지는 않다. 단지 연습을 게을리 하여 다양한 표현 방식들을 개발해 두지 않은 상태에서 연단에 서면 표현 방법이 잘 생각나지 않아서 당황하게 된다.

개요서에 기초한 실행은 처음에는 힘들지만 해 보면 해 볼수록 노하우가 축적되어 오히려 쉬워진다. 암송식 실행기법이나 낭독식 실행기법은 반복한다고 해서 능숙해지는 것은 아니지만 개요서에 의한 실행기법은 반복함에 따라 스킬이 향상되므로 훌륭한 프리젠터가 되고자 하는 사람은 처음부터 이 기법을 사용하는 것이 좋다.

2. 스피치 실행의 기본 원칙

프리젠테이션의 실행은 청중고객과의 상호작용 속에서 대화하듯이 자연스럽게 진행되어야 한다. 그래야만 청중고객과 분위기를 장악할 수 있으며 프리젠테이션의 목적을 효과적으로 달성할 수 있다.

1) 대화처럼 자연스러워야 한다

프리젠테이션을 실행할 때 가장 염두에 두어야 할 원칙은 대화를 하듯이 자연스럽게 해야 한다는 점이다. 프리젠테이션은 연기도 아니고 쇼도 아니다. 서로 아이디어를 교환하는 일상적인 커뮤니케이션의 한 형태에 불과하므로 목소리를 과장할 필요도 없으며 억지 연기를 할 필요도 없다.

프리젠테이션이 친구와의 대화와 다른 점은 청중고객이 많고 장소가 넓기 때문에 목소리가 그만큼 커야 한다는 점이다. 그 외에는 모든 것이 대화하듯 자연스럽게 흘러가야 한다.

프리젠테이션을 대화처럼 자연스럽게 하려면 웅변조, 목회자의 설교조, 초등학생의 낭독조, 목소리 연기자의 구연조 등을 피하여야 한다. 프리젠테이션을 대화처럼 자연스럽게 하라는 것은 친구에게 속삭이듯이 사근사근하게 말하라는 것은 아니다. 힘을 넣어 박력 있게 발표하되 대화와 비슷한 억양과 강세 그리고 템포를 유지하라는 것이다.

첫째, 프리젠테이션의 억양은 대화할 때와 같아야 한다.

둘째, 프리젠테이션은 대화할 때처럼 강조하고자 하는 단어 전체를 강하게 발음하여야 한다. 단어의 일부만 강하게 하거나 길게 하거나, 강조할 필요가 없는 단어를 강하게 발음해서는 안 된다.

셋째, 프리젠테이션은 대화할 때와 같은 속도로 진행되어야 한다. 하나의 단어는 붙여서 읽고, 단어와 단어 사이를 적절하게 띄어 읽고, 쉼표와 마침표가 들어가야 할 자리에서는 그에 상응하는 시간만큼 쉬어야 한다.

2) 청중(고객)과의 상호작용 속에서 이루어져야 한다

프리젠테이션은 프리젠터 혼자서 일방적으로 진행하는 것이 아니라 대화를 할 때처럼 청중고객과 상호작용하면서 진행해야 한다. 청중고객을 대화의 파트너처럼 생각하고 마치 그들과 의견이라도 교환하려는 듯이 한마디 한마디를 자연스럽게 건네야 한다.

외운 것을 암송하거나 대본을 읽는 경우에는 청중고객으로부터 유리되어 자기 스스로에 함몰되기 쉽고, 그러다 보면 자신도 모르는 사이에 낭독조나 구연조로 흐르게 된다.

프리젠테이션을 진행하려면 개요서에 기초한 실행을 해야 한다. 간간이 개요서를 보면서 청중고객을 마주 대하며 발표해 나가야 한다. 그러다가 청중고객이 어떤 반응을 보내오면 이에 적절한 코멘트를 하거나, 아니면 다른 방식으로 적절히 대응할 수 있어야 한다.

프리젠테이션에 매우 익숙한 사람은 청중고객에게 이야기한다고 생각하기보다는 개개인에게 이야기를 한다고 생각한다. 바로 이 점이 불안감을 쉽게 극복할 수 있는 방법이다. 청중고객은 그러한 프리젠터를 보며 '마치 개인에게 이야기하듯 친근감이 있었다.'며 좋은 반응을 보이게 된다.

청중고객 개개인이 마치 자기에게 이야기를 하는 것 같았다는 것을 느끼게 하기 위해서는 먼저 프리젠터 자신이 청중고객과 거리감을 느끼지 말아야 한다.

'나도 여러분과 같은 사람, 여러분 중의 한 사람'이라는 의식을 가지고 이야기를 한다면 청중고객과 프리젠터 사이의 거리를 좁힐 수 있다.

3) 목소리에 변화를 주어야 한다

목소리를 사용할 때 가장 유의하여야 할 점은 단조로움을 피해야 한다는 것이다. 단조로움이란 목소리의 빠르기, 크기, 높이, 길이, 쉬기, 힘주기 등에 변화가 없을 때 발생한다.

따라서 좋은 프리젠테이션을 하기 위해서는 말의 속도, 강약, 고저, 장단, 쉬기, 힘주기 등에 변화를 두어야 한다. 일상적인 대화에도 목소리의 변화가 있듯이 프리젠테이션을 할 때는 이러한 변화가 더욱 돋보이도록 해야 한다.

4) 생동감 있게 해야 한다

목소리는 당신이 비록 늙은 사람이라도 젊게 보이게 하며, 피로할 때라도 생동감 있게 보이도록 하는 힘을 지니고 있다. 반대로 목소리를 잘못 사용하면 젊어도 늙은 사람처럼, 힘이 있는데도 없는 사람처럼 보이게 한다.

힘이 없는 목소리는 축 내려간 스타킹을 신고 있는 여자의 이미지를 주기 때문에 다른 사람에게 절대로 피곤한 음성으로 말하지 말아야 한다. 활기차게 얘기하는 습관을 들여라.

3. 효과적인 목소리의 조건

프리젠테이션은 소리를 통한 커뮤니케이션의 한 형태이기 때문에 프리젠테이션 실행의 가장 기본이 되는 것은 목소리이다. 따라서 목소리가 좋아야 프리젠테이션을 효과적으로 실행해 낼 수 있다.

목소리가 좋아야 한다는 것은 타고난 목소리가 미성이어야 한다는 것과는 전혀 다르다. 타고난 목소리와 상관없이 프리젠테이션에 적절한 목소리가 있다.

프리젠테이션은 자신의 아이디어를 효과적으로 전달함으로써 청중고객에게 특정한 영향력을 행사하기 위해서 실시하는 것이다. 그러므로 프리젠테이션에 좋은 목소리는 이러한 프리젠테이션의 기본 목적을 최대한으로 달성시켜 줄 수 있는 목소리이다.

1) 목소리에 확신이 있어야 한다

청중고객에게 의도한 바의 영향력을 행사하기 위해서는 프리젠터 자신이 확신에 차 있으며 안정된 감정 상태에 놓여 있다는 것을 보여 주어야 한다. 그렇게 하려면 무엇보다도 목소리 자체가 확신에 차 있어야 한다. 확신에 찬 목소리는 말 한마디 한마디에 힘을 실음으로써 스스로가 하는 말을 진정으로 믿고 있다는 느낌을 준다.

말에 힘을 싣는다는 것은 고래고래 고함을 지르는 것과는 다르다. 낮고 작게 말해도 힘이 있는 목소리가 있으며, 높고 크게 말해도 힘이 실리지 않은 목소리가 있다.

프리젠터가 확신에 차 있지 않으면 청중고객은 좀처럼 프리젠터의 말 속으로 이끌려 들어오지 않는다. 따라서 설사 자신의 말을 스스로가 확신하지 못하는 경우가 있더라도 프리젠테이션을 할 때는 그것이 불변의 진리인 양 확신에 찬 목소리로 발표해야 한다.

2) 목소리에 힘이 느껴져야 한다

청중고객은 자신감에 차 있고 분위기를 장악할 줄 아는 프리젠터를 존중한다. 분위기에 위축되어서 어찌할 바를 모르는 프리젠터를 보면 측은함은 느낄지언정 감동을 받지는 않는다.

자신이 분위기를 압도하고 있다는 사실을 보여 주기 위해서는 목소리가 강하게 나오도록 하여야 한다. 목소리가 가늘어지거나 찢어지는 소리가 나면 청중고객은 곧 프리젠터가 자신감을 잃고 있다는 사실을 눈치 챈다.

굳건한 목소리를 내기 위해서는 우선 자신의 프리젠테이션에 대해 정열을 가져야 한다. 정열을 가지고 임하게 되면 두려움도 없어지고 목소리는 저절로 굳건해진다.

3) 발음이 분명해야 한다

프리젠테이션을 할 때는 대화를 할 때보다 발음을 더욱 분명하게 해야 한다. 대화를 할 때는 말끝을 흐리더라도 상대가 알아들을 수 있지만 프리젠테이션을 할 때는 문장이 완전히 끝날 때까지 분명하게 발음해야 한다.

그렇다고 해서 문장의 끝에 힘을 주라는 것은 아니다. 억양은 대화하듯이 하되 끝까지 분명하게 발음해야 한다는 것이다.

4. 목소리의 6요소

목소리의 6요소는 빠르기rate, 크기volume, 높이pitch, 길이 duration, 쉬기phrasing, 그리고 힘주기emphasis이다. 프리젠테이션 을 할 때는 이 6요소를 적절히 구사할 줄 알아야 한다. 단조 로움을 피하고 박력 있는 프리젠테이션을 하기 위해서는 각 요소를 변화무쌍하게 사용하는 것이 필요하다.

1) 빠르기(말의 속도)

프리젠테이션의 속도가 일관적으로 한결같을 필요는 없다. 때로는 빠르게, 때로는 느리게 진행하면서 호흡의 속도를 조절 하는 것도 좋은 방법 중의 하나이다. 사실 역동적인 프리젠테 이션을 하려면 목소리의 빠르기가 변화무쌍해야 한다.

2) 크 기

목소리의 여섯 가지 요소 중에서 가장 많은 변화를 추구해 야 할 것이 크기이다. 똑같은 크기로 프리젠테이션을 진행하 는 것은 프리젠테이션을 단조롭게 만드는 지름길이다. 좋은 프리젠테이션을 하려면 순간순간 목소리의 크기를 변화시켜 야 한다.

계속 큰 목소리로 이야기를 하면 청중고객이 그 크기에 쉽 게 적응하기 때문에 그것이 크다는 사실을 의식하지 못하게 된다. 작은 목소리와 큰 목소리를 섞어 써야 큰 것은 크다고 느끼고 작은 것은 작다고 느낄 수 있다.

3) 높 이

목소리의 높낮이는 소리의 억양을 만들어 낸다. 흔히 목소리의 높이와 크기를 혼동하기 쉬운데 크기는 강함을 가리키고, 높이는 예리함을 가리킨다.

우리나라 말은 단어를 발음할 때 높낮이의 차이를 두지 않고 장단만을 구분한다. 그러나 문장 전체를 발음할 때는 높낮이를 구분한다. 프리젠테이션을 한다고 해서 평소와 다른 높낮이를 억지로 만들어 내는 것은 좋지 않다.

자칫 잘못하면 낭독조나 구연조 또는 설교조에 빠질 가능성이 높기 때문이다. 최상의 방법은 마치 대화를 하듯이 자연스런 억양으로 발표하는 것이다.

4) 길 이

목소리의 길이는 한 음절을 얼마나 오래 끌며 발음하느냐를 뜻하는 것이다. 우리나라 말은 단어를 발음할 때 고저를 구분하지 않고 장단만 구분하기 때문에 긴소리와 짧은소리를 정확하게 구분하여 발음할 필요가 있다. 목소리의 길이 역시 필요이상으로 과장하지 않는 것이 좋다. 다른 사람과 대화를 할 때처럼 자연스런 장단을 유지하는 것이 최선의 방법이다.

5) 쉬 기

쉬기란 목소리를 내지 않고 잠깐 멈추게 되는 시간의 길이를 가리킨다. 한 단어는 붙여서 읽는 것이 정상이지만 단어와 단어 사이, 구와 구 사이, 절과 절 사이, 문장과 문장 사이, 그리고 프리젠테이션의 각 구성 요소들 사이에서는 일정 시간 동안 쉬어 주어야 한다.

일반적으로 단어와 단어 사이에서 쉬는 시간이 가장 짧아야 하고, 구성단위가 점점 커 갈수록 그들 사이에 쉬는 시간이 길어져야 하며, 서론과 본론 그리고 본론과 결론 사이에서 쉬는 시간이 가장 길어야 한다.

쉬는 시간은 말의 빠르기와 함께 프리젠테이션의 템포를 결정하기 때문에 프리젠테이션의 속도를 잘 조절하기 위해서는 쉬는 간격을 적절히 조절하여야 한다.

쉬는 시간이 보통보다 길어지면 프리젠테이션이 지루해지고 보통보다 짧아지면 호흡이 급박해지며 생각할 여유를 잃게 된다.

6) 힘주기

힘주기 또는 강세란 특정 음절이나 단어 또는 구를 다른 것들보다 더 힘주어 말하는 것을 가리킨다. 일상적인 대화에서도 그렇듯이 프리젠테이션을 할 때는 자신이 강조하고자 하는 중요한 단어나 구에 강세를 주어야 한다.

어떤 프리젠터들은 습관적으로 문장의 첫 단어나 구에 강세를 주는데, 이것은 매우 좋지 않은 버릇이다. 강세는 문상의 어느 위치에 놓여 있느냐에 따라 결정되는 것이 아니라 내용상 얼마나 중요하냐에 따라 결정되어야 한다.

5. 스피치 실행 시 유의 사항
   - 틀리는 것을 두려워 말고 자신 있게 표현하라.
   - 공백을 두려워하지 말고 시간적 여유를 가져라.
   - 불필요한 언어 습관을 고쳐라.
   - 다양한 언어를 사용하라.
   - 음성을 관리하라.

6. 매력적인 목소리를 갖기 위해 다음을 훈련하도록 하라
   - 선 자세에서 어깨 넓이로 다리를 벌리고, 발끝은 모아 11자를 만들고, 허리 펴고, 어깨는 내리고, 턱은 당기고, 시선은 전방 15도를 향하여 자세를 바로 한다.
   - 코로 숨을 16초 동안 들이마시고, 입으로 30초간 내뱉는다. 5회 이상 반복하고, 내뱉는 숨을 1분까지 연장한다.
   - 발성과 함께 발음 연습표를 연습한다.
     연습 방법 : 먼저, 한 박자로 천천히 1회 실시 후 → 반 박자로 다소 빨리 한다.

가	갸	거	겨	고	교	구	규	그	기	게	개	괴	귀
나	냐	너	녀	노	뇨	누	뉴	느	니	네	내	뇌	뉘
다	댜	더	뎌	도	됴	두	듀	드	디	데	대	되	뒤
라	랴	러	려	로	료	루	류	르	리	레	래	뢰	뤼
마	먀	머	며	모	묘	무	뮤	므	미	메	매	뫼	뮈
바	뱌	버	벼	보	뵤	부	뷰	브	비	베	배	뵈	뷔
사	샤	서	셔	소	쇼	수	슈	스	시	세	새	쇠	쉬
아	야	어	여	오	요	우	유	으	이	에	애	외	위
자	쟈	저	져	조	죠	주	쥬	즈	지	제	재	죄	쥐
차	챠	처	쳐	초	쵸	추	츄	츠	치	체	채	최	취
카	캬	커	켜	코	쿄	쿠	큐	크	키	케	캐	쾨	퀴
타	탸	터	텨	토	툐	투	튜	트	티	테	태	퇴	튀
파	퍄	퍼	펴	포	표	푸	퓨	프	피	페	패	푀	퓌
하	햐	허	혀	호	효	후	휴	흐	히	헤	해	회	휘

– 발음 연습용 문장 한 음절씩 스타카토로 한다.

① 뻗은가지굽은가지구부러진가지가지가지의가지
올라 가지 늦가지 찐가지 달린 가지
조롱조롱 맺힌 가지 열린 가지 달린 가지
도롱도롱 달린 가지 젊은 가지 늙은 가지
나물할 가지 냉국 탈 가지 가지각색 가려 놓아도
나 못 먹긴 마찬가지
(빠르게 읽습니다.)

② 대한관광공사곽진관관광과장
조달청 청사 창살도 쇠창살, 항만청 청사 창살도 쇠창살
깅창성 헤운항만청장과 진복준 강릉전매지청장
서울특별시 특허허가과 허가과장 허 과장
안병휘 대통령특별보좌관

—김효석의 「카리스마 목소리 만들기」 중에서—

⑤ 프리젠테이션 스피치

1. 분위기 조성

프리젠터로서 프리젠테이션을 시작하면서 가장 곤혹스러운 것은 어떻게 어색한 분위기에서 벗어나느냐 하는 것이다. 프리젠터가 청중고객의 어색함을 없애 주어야 하고 분위기를 부드럽게 이끌어 나가야 한다는 것은 당연하게 들린다.

그렇다면 누가 두렵고 떨리는 프리젠터의 어색함을 해소시켜 주고, 프리젠터의 태도를 자연스럽게 해 줄 것인가?

불행인지 다행인지, 프리젠터의 태도를 자연스럽고 부드럽게 해 줄 수 있는 사람은 오직 한 사람, 프리젠터 자신뿐이다. 그리고 프리젠터의 태도와 청중고객의 듣는 태도와는 직결된다는 사실이다.

즉 프리젠터의 태도가 곧바로 청중고객에게 투사되어 반사된다. 프리젠터가 어색해하고 있으면 청중고객도 어색해하고, 프리젠터가 편안한 자세로 이야기를 한다면 청중고객도 편안한 자세로 이야기를 듣는다. 프리젠터가 웃으며 이야기를 하면 청중고객도 웃으며 듣고, 굳은 얼굴로 이야기를 하고 있으면 청중고객도 굳은 얼굴로 듣게 된다.

따라서 청중고객의 표정, 청중고객의 반응에서 프리젠터 자신의 모습을 발견할 수 있기 때문에 청중고객의 모습이 프리젠터가 원하는 모습이 아니라면 프리젠터 자신이 자기의 모습,

태도, 표정을 바꾸어야 할 것이다.

그렇다면 프리젠터 자신을 비롯해서 청중_{고객}의 어색함을 어떻게 극복할 수 있을까? 두렵고 떨릴 때 이를 극복할 수 있는 하나의 방법은 청중_{고객} 가운데 평소에 편하게 알고 지내던 사람을 찾아 몇 분간은 주로 그 사람을 주시하며 프리젠테이션을 진행하는 것이다.

반면에 평소에 사이가 좋지 않았던 사람이 청중_{고객} 가운데 있을 때에는 되도록 쳐다보지 않는 것이 좋다. 평소에도 사이가 좋지 않아 마음이 편치 않은 데다가 두려움까지 겹친다면 원만한 프리젠테이션을 하는 데 방해 요소가 되기 때문이다.

만일 아는 사람이 전혀 없다면 청중_{고객} 가운데에서 긍정적인 표정을 하고 있는 사람, 미소를 짓고 있는 사람, 편안한 느낌을 주는 얼굴을 주시하면서 프리젠테이션을 시작하면 좋다.

2. 일체감 조성

프리젠터가 청중_{고객}과 일체감을 조성하는 요령은 프리젠터 자신보다는 청중_{고객}을 중심으로 이야기를 전개해 나가는 것이다. "제가 오늘 하고자 하는 이야기는 ○○○"라고 시작하기보다는 "오늘 이 시간에 여러분과 함께 저는 다음과 같은 문세를 생각해 보고자 합니다."라고 하는 것이 청중_{고객}으로 하여금 참여하도록 하는 효과를 낼 수 있다.

이렇게 표현할 때 프리젠터와 청중_{고객} 사이의 구별은 없어지고 자연스럽게 일체감을 느끼게 된다.

또한 '교사들', '임원들', '근로자들'이라고 이야기하기보다는 '여러분과 같은 교사', '여러분과 같은 임원', '여러분과 같은 근로자'라고 말할 때 남의 이야기가 아닌 그들 자신의 이야기로 전환된다.

청중고객이 성인인 경우 무언가 배우러 왔을지라도 "○○○을 배우게 될 것입니다."라고 이야기하기보다는 "여러분 스스로 ○○○을 발견하게 될 것입니다."라고 표현하여 상대방과 프리젠터가 동격이라는 인상을 주는 것이 좋다.

3. 청중(고객)의 욕구 확인

청중고객이 프리젠터의 강연에 귀를 기울여야 하는 이유는 무엇인가? 이 질문에 성공적으로 답변할 수 있으면 긍정적인 관계 수립에 큰 도움이 될 수 있다. 성공적인 답변을 주기 위해서는 청중고객이 기대하는 바가 무엇인가를 파악하고 그들이 기대하는 것을 어떻게 제공할 것인가를 알려야 한다.

첨단기술 마케팅 매니저 닐 바론의 말이다.

"나는 세계적으로 유명한 어느 경제학자가 3천 명의 청중고객을 대상으로 강연하는 것을 보았는데, 그는 시간을 거꾸로 돌리고 있었다. 그는 반도체 산업의 난해한 용어를 사용했지만 그 자리에 반도체 산업에 종사하거나 반도체 산업에 관심 있는 사람은 아무도 없었다. 한 시간쯤 지나자 사람들은 잡지를 꺼내 들기 시작했다. 그리고 실내가 몹시 어두웠기 때문에 사람들은 라이터와 플래시를 비춰서 잡지를 읽고 있었다. 그 광경은 경제학자의 강연을 추모하기 위해 촛불을 켜고 밤샘이라도 하는 것처럼 보였다."

도대체 반도체에 아무런 관심도 없는 사람들에게 반도체를 주제로 강연을 한 이유는 무엇일까?

프리젠터는 청중고객이 기대하는 바에 대해서 궁금증만 가져서는 안 된다. 프리젠테이션에 참석하는 이유가 무엇인지를 알아내야 한다. "그들은 나의 프리젠테이션 주제에 관심이 있을까? 프리젠테이션에 참석하라는 지시를 받았을까? 그들이 배우거나 보거나 듣기를 바라는 것은 무엇일까? 그들은 내가 어떤 말과 어떤 행동을 하기를 바랄까?" 등에 대해 구체적으로 파악해야 한다.

물론 이러한 것들은 프리젠테이션 준비 단계에서 청중고객 분석을 통해 미리 알고 있어야 할 내용이지만 파악되지 않았을 경우에는 프리젠테이션 초반 단계에서 이를 확인해야 한다. 알고 있었다 할지라도 이를 다시 한 번 확인함으로써 청중고객으로부터 호의적인 반응을 유도할 수 있다.

4. 훌륭한 프리젠터의 스피치 요약

1) 서두를 힘 있게 시작한다

깜짝 놀랄 만한 통계나 유머스러운 인용구로 청중_{고객}의 주의를 사로잡는다.

2) 일화, 실례, 증거를 많이 사용한다

청중_{고객}에게 직접 연관이 되고 연설의 흐름을 도울 수 있는 내용을 구체적으로 드라마틱하게 얘기한다.

3) 구어체를 쓴다

듣는 사람이 친근감을 느낄 수 있도록 일상 대화에서처럼 쉬운 단어, 짧은 문장, 반복, 질문 등을 사용한다.

4) 시각적으로 묘사한다

시각적으로 묘사하면 청중_{고객}의 상상력을 자극하여 동일한 메시지라도 훨씬 강렬한 인상을 남긴다.

5) 기쁘게 편안하게 말한다

프리젠터가 여유가 있고 편안해 보이면 듣는 사람들도 부담이 없다. 프리젠터가 마지못해 얘기하는 것처럼 보일 때 감동을 받을 청중_{고객}은 아무도 없다.

6) 긍정적으로 얘기한다

청중고객은 두려움을 자극하는 프리젠터보다는 희망을 주고
용기를 주는 프리젠터를 좋아한다.

7) 활기 있게 말한다

프리젠터는 청중고객의 분위기를 생기 있게 이끌어 가야 한
다. 프리젠터가 환한 표정으로 활기 있게 이야기하는데 졸고
있는 사람은 없을 것이다.

8) 진지하게 말한다

프리젠테이션이 공허한 말잔치가 아니라는 사실을 입증하기
위하여 프리젠터는 진지하게 해야 한다.적어도 그렇게 보이도록 한다.

9) 자신 있게 말한다

자기가 말하고 있는 것을 분명히 알고 있다는 인상을 주기
위하여 자신 있게 말해야 한다. 권위자로 초빙되어 확신 없이
말하는 것만큼 청중고객을 실망시키는 것은 없다.

6.3 보디랭귀지

1 보디랭귀지(Body language)의 중요성

'프리젠테이션' 하면 흔히 말/단어를 떠올리게 되지만 프리젠테이션은 말로만 실행하는 것은 아니다. 말과 함께 자연스런 몸동작이 따라 주어야 전달되는 내용도 빛을 발하게 되는 것이다.

흔히 보디랭귀지라 부르는 몸짓 언어는 프리젠테이션을 실행할 때 여러 가지 중요한 역할을 수행한다.

첫째, 몸짓 언어는 프리젠테이션의 내용이 더욱 효과적으로 전달되도록 돕는 역할을 한다. 프리젠터가 당당한 자세와 확신에 찬 표정으로 내용을 전달한다면 청중_{고객}은 '이것은 분명한 사실이니 반드시 믿어야 한다.'는 느낌을 받는다. 그러나 청중_{고객}을 바로 쳐다보지도 못하고 굳은 표정으로 이야기하면 프리젠터 자신도 자기가 하는 말에 확신이 없으니 알아서 해석하라는 의미로 받아들이게 된다.

둘째, 몸짓 언어는 프리젠터의 감정 상태를 노출한다. 잦은 움직임, 굳은 표정, 방황하는 눈빛, 그리고 둘 곳을 몰라 이곳 저곳을 옮겨 다니는 손은 프리젠터가 불안해하고 있다는 사실을 보여 준다. 반면에 곧은 자세와 밝은 표정 그리고 명확한 제스처는 프리젠터가 자신에 차 있음을 보여 준다.

셋째, 몸짓 언어는 말을 통하여 전달되는 메시지를 보완하는 역할을 한다. 말의 내용을 강조할 필요가 있거나, 그 뜻을 더 분명하게 할 필요가 있거나, 또는 메시지를 반복할 필요가 있을 때 목소리의 조절만으로는 충분하지 않다. 이때는 목소리의 변화 외에도 적절한 몸 움직임과 제스처를 사용하여야 한다.

이처럼 프리젠테이션에서 사용되는 몸짓 언어는 여러 가지 중요한 역할을 수행한다. 따라서 몸짓 언어를 적절히 구사하면 프리젠테이션의 효과를 배가시킬 수 있지만 반대로 잘못 사용하는 경우에는 오히려 그 효과를 크게 떨어뜨릴 수 있다.

요즘 미국에서는 TV 토크쇼 프로그램의 사회자를 결정할 때 결정자는 사회자의 말소리를 완전히 죽이고 말하는 모습만을 본다. 만약 그 모습이 재미있어 30초 안에 볼륨을 높이고 싶은 마음이 생긴다면 그 사회자는 다음에도 계속 사회를 맡게 되지만 그렇지 못할 때는 다른 사람으로 교체된다.

그만큼 말하는 사람의 표정과 보디랭귀지가 보고 듣는 사람의 흥미를 결정하는 중요한 요소이기 때문이다.

프리젠테이션을 실행할 때 유의해야 할 중요한 몸짓 언어에는 자세, 몸 움직임, 눈 움직임, 얼굴 표정, 제스처, 그리고 외양 등이 있다. 그러면 이 몸짓 언어들을 어떻게 관리하는 것이 효과적인지 알아보기로 하자.

❷ 자 세

프리젠터의 자세는 그의 정신적 준비 상태와 침착성을 반영한다. 자세가 바르고 굳건하면 그가 정신적으로 잘 준비되어 있으며 침착하다는 것을 보여 준다. 반면에 자세가 한쪽으로 기울어져 있거나 뒤로 삐딱하게 기대고 있다면 그가 정신적으로 해이한 상태에 놓여 있다는 사실을 보여 주는 것이다.

정신적 준비상태를 돋보이게 하기 위해 너무 꼿꼿이 서게 되면 프리젠터 자신도 불편하거니와 보는 이의 마음도 불안해진다.

따라서 바르고 굳건한 자세를 유지하면서도 가능한 한 편안하게 서야 한다. 프리젠터는 편안한 자세를 취하면서도 늘 긴장감을 늦추지 말아야 한다.

1. 기본자세

프리젠테이션을 하는 기본자세는 두 발을 어깨 넓이로 벌리고 체중을 양발에 균등히 준 상태에서 허리와 어깨를 곧게 펴고 머리를 똑바로 든 자세이다.

이때 몸에 너무 힘을 주면 자세가 경직되어 불편해진다. 이러한 바른 자세는 흐트러지지 않되 가능한 한 편안하게 서야 한다.

몸무게를 한쪽 발에만 싣고 비딱하게 서는 자세, 체중을 발가락이나 발뒤꿈치에 실어 앞이나 뒤로 기울어진 자세, 그리고 두 손으로 탁자를 짚으면서 앞으로 수그리는 자세는 피하여야 한다.

2. 자세의 적응

프리젠테이션의 시작부터 끝까지 기본자세로 일관하기는 무척 힘들다. 오랫동안 같은 자세를 유지하면 육체적인 불편함을 느끼기도 하고 단조로움을 느끼기도 하기 때문이다.

따라서 간간이 자세를 바꾸는 것은 있을 수 있는 일이다. 때로는 체중을 한쪽 발에 더 많이 실어 둘 수도 있으며 때로는 한 발을 약간 앞으로 내딛어도 좋다.

그러나 이러한 적응 자세는 기본자세에서 너무 크게 벗어나지 않아야 한다. 기본자세에서 벗어난 자세를 오랫동안 지속하는 것도 좋지 않다. 그렇다고 해서 새로운 자세를 취하자마자 기본자세로 돌아오라는 것은 아니다.

자세를 바꾸자마자 다시 본래의 자세로 돌아오는 것은 몸이 불안정하게 흔들리는 느낌을 주기 때문에 더욱 좋지 않다. 따라서 불편함을 해소하기 위해 자세를 바꾼 경우나 단조로

움을 깨뜨리기 위해 자세를 바꾼 경우에는 일정 시간이 지난 후 즉각 기본자세로 복귀토록 한다.

자세의 적응을 빠르게, 그리고 반복적으로 실시하는 것은 반드시 피해야 한다. 몸무게를 계속 이쪽저쪽으로 옮기거나 상체 또는 엉덩이를 좌우로 흔들거나 윗몸을 앞뒤로 흔들거나 한쪽 다리를 좌우로 흔들게 되면 청중고객의 눈은 매우 혼란스러워진다.

3. 팔과 손의 처리

프리젠테이션 자세를 취할 때 가장 처리하기 힘든 것이 팔과 손이다. 경험이 부족한 프리젠터들은 팔을 어떻게 처리할지 몰라 매우 어색한 자세를 취한다. 팔의 처리가 힘든 이유는 팔에 지나치게 신경을 쓰기 때문이다. 프리젠테이션을 할 때도 대화할 때처럼 팔이 스스로 자연스럽게 움직이도록 내버려 두는 것이 최상의 방법이다.

팔을 처리하는 기본 원칙은 필요할 때 쉽게 움직일 수 있도록 가볍게 처리해 두는 것이다. 두 팔을 모두 가볍게 내려 뻗거나 한 팔은 내려 뻗고 다른 팔은 탁자 위에 올려 두거나 가슴 앞에 넣어 두고 다른 손은 가볍게 내려 뻗거나 탁자 위에 살짝 올려 두면 된다.

개요서를 작은 카드에 적어 둔 경우에는 이것을 한 손에 쥐고 그 손을 가슴 부근으로 끌어올려 두면 다른 손은 자유로이 내버려 두어도 좋다.

팔은 제스처를 만들어 내는 중요한 도구이므로 이동이 어렵도록 꽉 붙들어 매 두는 것은 좋지 않다. 두 손을 쭉 뻗어 교탁을 내리누르거나 두 손을 깍지 끼어 아랫배 앞에 두거나 팔짱을 끼거나 뒷짐을 지거나 두 손을 모두 호주머니 속에 넣어 두면 보기도 좋지 않거니와 필요할 때 쉽게 움직일 수가 없다.

4. 자세에 관한 규칙

① 무화과 잎의 자세를 취하지 말 것 : 손을 앞으로 모으는 것은 지나치게 겸손해 보이고 자신감이 없어 보이므로 삼간다.

② 뒷짐을 지지 말 것 : 뒷짐을 지는 것은 지나치게 거만하게 보여 부정적 영향을 초래할 수 있으므로 삼간다.

③ 손을 주머니에 집어넣지 말 것 : 한 손 또는 양손을 주머니에 넣는 것도 거만하게 보이므로 삼간다.

④ 연단에 기대거나 두 팔로 집지 말 것

⑤ 두 손으로 엉덩이를 잡지 말 것

⑥ 앞뒤로 몸을 흔들지 말 것

⑦ 발쌍을 끼지 말 것

③ 몸 움직임

몸을 고정시켜 둔 상태에서 프리
젠테이션을 하는 것은 바람직하지
않다. 움직임은 청중_{고객}의 시선을
모아 주기 때문에 때로는 고의적
으로 움직일 필요가 있다.

  프리젠테이션을 할 때의 몸 움직
임은 굵으면서도 단호하고 편안하
면서도 절도가 있어야 한다. 작고
부단한 움직임은 청중_{고객}의 눈을
혼란스럽게 하며, 불안한 움직임이나 위축된 움직임은 프리젠
터가 자신이 없다는 것을 반영하는 것이다.

1. 입 장

프리젠터의 몸 움직임은 연단을 향하여 걸어 나가는 데서부터 시작된다. 자신감이 결여된 프리젠터는 허리를 숙이고 엉덩이를 뺀 자세에서 땅을 보고 걸어 나가서는 탁자 앞에 서자마자 청중고객을 바라보지도 않고 프리젠테이션을 시작한다. 이러한 입장 행위는 프리젠테이션을 시작도 하기 전에 망쳐 버리는 결과를 낳는다.

설사 자신의 프리젠테이션에 자신이 없다 하더라도 허리를 곧게 펴고 당당하게 걸어 나가 연단에 서야 한다. 그런 후에는 청중고객을 한 번 죽 훑어보고 천천히 프리젠테이션을 시작하여야 한다. 연단에 서면 성급히 말을 시작하지 말고 주의가 완전히 집중될 때까지 기다리는 것도 프리젠터로서 청중고객의 분위기를 주도하는 한 방법이다.

2. 진행 중 몸의 이동

프리젠테이션을 진행할 때 몸과 팔을 전혀 움직이지 않고 목소리로만 내용을 전달하게 되면 매우 부자연스럽고 딱딱한 느낌을 준다. 따라서 당당하고 굳건한 자세로 스피치를 하되 목소리에 맞추어 몸과 팔이 자연스럽게 움직여야 한다.

그러나 중요한 것은 필요한 만큼만 몸을 움직여야 한다는 것이다. 몸을 지나치게 흔들거나 불필요하게 왔다 갔다 해서는 안 된다. 특별한 이유 없이 단상을 이곳저곳 옮겨 다니는

것은 금해야 한다. 왜냐하면 청중고객이 프리젠터를 보기 위해
계속 몸을 틀거나 고개를 돌려야 하기 때문에 불편함을 느끼
게 되고 앞자리에 앉은 사람들은 프리젠테이션에 집중할 수
없기 때문이다.

3. 퇴 장

프리젠테이션은 결언에서 끝나는 것이 아니라 프리젠터가
완전히 퇴장해야만 끝나는 것이다. 바꾸어 말하면, 퇴장행위
도 프리젠테이션의 일부분이다.

따라서 좋은 프리젠테이션을 하려면 퇴장할 때의 몸 움직
임에도 신경을 써야 한다. 연단에 입장할 때와 마찬가지로 당
당하고 절도 있게 퇴장하되 중요한 사명을 성공적으로 완수
하였다는 확신에 찬 표정을 지어야 한다.

프리젠테이션을 잘 해내지 못했다는 것을 자인하는 듯한
쑥스런 표정으로 퇴장하거나 고개를 숙이면서 퇴장하는 것은
좋지 않다.

4. 피해야 할 움직임

모든 움직임에는 목적이 있어야 한다. 특별한 목적을 갖지
않은 무의미한 움직임은 청중고객의 시선을 현혹하고 그들의
집중력을 분산시킨다.

이런 무의미한 동작들은 주로 무의식적으로 나오는데 가능

한 한 의식적인 노력을 통해서라도 이런 동작들이 나오는 것을 막아야 한다. 프리젠터들이 프리젠테이션 중에 자주 하는 좋지 못한 행위들은 다음과 같다.

① 몸을 좌우로, 또는 앞뒤로 자꾸 흔들어 대는 행위
② 다리의 무게 중심을 이쪽저쪽으로 자꾸 옮기는 행위
③ 단추나 옷 또는 넥타이를 만지작거리는 행위
④ 귀를 잡거나 이마를 문지르거나 턱을 만지작거리거나 머리를 쓰다듬는 행위
⑤ 머리칼을 뒤로 보내기 위해 고개를 급작스럽게 젖히는 행위
⑥ 손가락으로 탁자를 탁탁 두드리거나 손바닥으로 탁자의 가장자리를 문지르는 행위
⑦ 카드를 만지작거리거나 호주머니 속의 물건을 만지작거리는 행위
⑧ 호주머니에 손을 넣었다 뺐다 하는 행위
⑨ 손을 비벼대는 행위
⑩ 팔찌나 시계 등 장신구를 만지작거리는 행위
⑪ 팔소매를 걷어 올리는 행위

위와 같은 행동을 자신이 어떻게 하는지를 알기 위해서는 피드백을 받는 수고를 아끼지 않아야 한다. 이러한 몸동작은 습관이 되어 자신도 의식하지 못하는 경우가 대부분이다. 필자는 강의를 하는 중 수강생들의 발표 모습을 동영상으로 촬영해 피

드백을 해줌으로써 수강생들이 자신의 이런 습관을 인식하게
한다. 이러한 피드백을 받은 후 스스로 연습을 통해 불필요한
몸 움직임을 없애는 노력을 하여야 한다.

④ 시 선

흔히 눈을 마음의 창이라 한다. 눈은 그 사람의 심리상태를 잘
반영한다는 것이다. 프리젠테이션을 할 때 청중고객을 마주 바
라보지 못하고 왼쪽이나 오른쪽 또는 위를 쳐다보는 것은 심
리적으로 위축되어 있다는 것을 반영한다.

그렇게 되면 청중고객은 프리젠터가 분위기를 주도하지 못하
고 있다는 것을 눈치 채게 되며 그만큼 프리젠테이션에 대한
평가는 떨어진다.

1. 청중(고객)을 주시한다

프리젠테이션을 효과적으로 실행하기 위해서는 청중고객을
정면으로 쳐다보아야 한다. 어떤 프리젠터는 고개만 정면을
향하고 눈동자는 돌려서 엉뚱한 쪽을 비스듬히 쳐다보거나사시
(斜視) 천장을 올려다보기도 하는데 이것은 좋지 않은 습관이다.

바람직한 것은 청중고객 개개인의 눈을 자연스럽고 따뜻하
게 쳐다보면서 프리젠테이션을 하는 것이다. 부드러운 눈 맞
춤은 서로 간에 교감을 형성하여 주기 때문에 프리젠테이션
의 효과를 배가시킬 수 있다.

2. 지그재그

발표할 때 한 사람만을 쳐다보는 것은 좋지 않다. 상대가 부담을 느껴 눈길을 돌리게 되고 이런 모습을 보게 되면 프리젠터 자신도 어색함을 느끼게 된다. 특히 그 사람이 중요한 역할의사결정권자 등을 하는 사람일 경우 부정적인 이미지를 줄 수 있음을 기억하라. 따라서 천천히 시선을 옮기면서 한 사람 한 사람을 차례로 응시하는 것이 좋다. 지그재그zig zag로 시선을 청중고객에게 고루 안배하는 것이 중요하다.

3. One Sentence One Person

청중고객을 고루 응시하라는 말이 빠른 속도로 고개를 이쪽 저쪽으로 돌리라는 말은 아니다. 주의해야 할 점은 한 사람에게는 One Sentence, 결국 하나의 문장으로 말을 마치는 것이다. One Sentence 도중에 다른 사람에게 눈을 옮기지 않는다. 이것을 'Yes Taking'이라고 한다. 예를 들면, "여러분, 인간관계에서 가장 중요한 것은 상대의 입장에 서는 것입니다."라고 할 때 상대가 의외로 고개를 끄덕이며 수긍하고 'Yes'라고 말하게 된다. 하나의 의미를 갖는 문장을 한 사람에게 말하고 납득시킨 후 다음 사람에게 시선을 옮긴다.

4. 항상 1 대 1로 커뮤니케이션을 한다

청중고객을 하나의 집단으로 보되 메시지를 던질 때는 참석자들을 한 개인으로 보아야 한다. 따라서 항상 누군가와 1:1로 대화를 한다는 마음으로 프리젠테이션을 수행하여야 한다. 프리젠테이션은 어디까지나 인간과 인간의 커뮤니케이션이며 마음과 마음의 접촉이기도 하다. One Sentence, One Person에 따라 한 사람씩 정중하게 설득해 나가는 것이다.

5. 응시에 부담을 느낄 때

청중고객의 눈을 정면으로 응시한다는 것은 숙달된 프리젠터에게도 결코 쉬운 일이 아니다. 억지로 눈을 맞추려고 노력하다 보면 어색한 기분이 들어 프리젠테이션의 진행에 차질이 생길 수도 있다.

대화를 할 때 상대방의 눈을 쳐다보는 것이 부담스러우면 그 사람의 콧등을 쳐다보는 방법도 있다. 프리젠테이션을 할 때도 이와 유사한 방법으로 응시의 부담감을 해결할 수 있다.

프리젠테이션은 대개 위에서 내려다보고 하기 때문에 청중고객의 머리끝 부분을 쳐다보면 청중고객은 프리젠터가 자신들을 정면으로 보고 있는 것처럼 느끼게 된다.

모든 청중고객을 골고루 쳐다보는 것이 부담스러우면 한쪽 청중고객을 다른 쪽 청중고객보다 더 자주 쳐다보아도 좋다. 특히 자신의 프리젠테이션에 호의적인 반응을 보이는 쪽이 있어서 그쪽을 쳐다보는 것이 더 편안하게 느껴진다면 그쪽을 더 자주 쳐다보아도 좋다.

그러나 이런 방법을 쓸 때는 그쪽 사람들과 개인적인 대화를 하는 것처럼 보이지 않도록 유의하여야 한다. 응시가 부담스럽다고 고개를 다른 방향으로 돌리거나 고개는 정면을 향하되 눈을 다른 방향으로 돌리는 것은 좋지 않다. 고개와 눈은 언제나 청중고객을 향해 있어야 한다. 이런 원칙을 지킨 상태에서 청중고객의 머리끝 부분을 쳐다보거나 자신이 편안하게 생각하는 청중고객을 응시하면 된다.

눈 마주치기의 규칙

❚ 창밖을 바라보지 말 것: 당신이 창밖을 바라보면 청중(고객)도 바라본다. 천장이나 벽이나 바닥을 바라보는 것도 마찬가지다. 그들이 당신을 바라보도록 당신도 그들을 바라보아야 한다.

❚ 한 곳만 바라보지 말 것: 반드시 청중(고객) 전체와 눈을 마주쳐야 한다. 프리젠테이션 장소 전체를 대상으로 삼으라. 정면만 똑바로 바라보고 옆쪽은 눈길을 돌리지 않는 프리젠터들이 많다. 이곳저곳으로 시선을 옮기면서 응시해야 한다.

❚ 청중(고객)을 개별적으로 바라볼 것: 프리젠테이션 장 전체를 둘러보면서 가능하면 많은 사람들과 개별적으로 시선을 교환하도록 하라. 여러 사람을 하나하나 바라보라. 프리젠터의 시선은 레이저빔이 아니라 서치라이트가 되어야 한다는 것을 잊지 말도록 하라.

❚ 뒷줄을 잊지 말 것: 앞쪽에 앉은 사람들만 바라보면 많은 청중(고객)을 잃게 될 위험이 있다. 뒷자리에 앉은 사람들이 모두 소외감을 느낄 것이기 때문이다. 게다가 로이드 아우어바하의 설명처럼 뒷자리에 앉은 사람들을 바라보면 더 많은 효과를 거둘 수 있다. "대규모 청중(고객)에게 이야기를 하면서 멀리 있는 사람에게 눈길을 주면 그 주변에 앉은 다섯 명가량이 프리젠터가 자신을 바라보는 것으로 생각하게 된다. 앞자리에 앉은 사람을 바라보면 아무도 그렇게 생각하지 않는다."

5 표 정

얼굴 표정은 프리젠터의 감정 상태와 태도를 드러낸다. 경직된 얼굴 표정은 프리젠터가 매우 긴장해 있다는 것을, 붉어진 얼굴은 불안에 떨고 있다는 것을, 그리고 찡그린 얼굴은 매우 초조해하고 있음을 반영한다.

긴장, 불안, 초조 등에 휩싸여 있다는 것이 청중고객에게 알려져서 좋을 것은 하나도 없다. 따라서 프리젠테이션에 임할 때는 표정을 관리하는 일에 특별히 신경을 써야 한다.

프리젠테이션을 시작할 때 가장 이상적인 표정은 정색을 하면서도 약간의 미소를 띤 표정이다. 정색을 한다는 것은 정신을 바짝 차리고 있다는 것을 보여 주며 미소를 띤다는 것은 여유를 가지고 있음을 반영한다.

정색을 하는 것은 비교적 쉬운 일이지만 미소를 짓는 것은 결코 쉽지 않다. 그러나 반복적인 연습을 통해서라도 미소를 짓는 것이 좋다.

미소는 보는 사람들에게도 여유를 주지만 프리젠터 자신의 기분도 즐겁게 만든다. 불안하고 초조하더라도 억지로 미소를 짓고 나면 한결 마음이 편안해진다.

얼굴 표정은 내용의 변화에 따라 적절히 변해야 한다. 즐거운 이야기를 할 때는 즐거운 표정을, 진지한 이야기를 할 때는 진지한 표정, 슬픈 이야기를 할 때는 슬픈 표정을 지어야 한다. 즉 표정이 프리젠테이션의 내용과 맞아야 한다.

그러나 화난 표정이나 지나치게 흥분된 표정은 피하는 것이 좋다. 이러한 표정들은 프리젠터가 자신의 감정을 적절히 통제할 수 없다는 사실을 반영하기 때문에 공신력에 영향을 미친다.

프리젠테이션을 하다가 실수를 했다고 해서 쑥스런 표정이나 머쓱한 표정을 짓는 것은 좋지 않다. 실수를 하더라도 예사스런 표정으로 지나쳐야만 그 실수가 필요 이상으로 확대 해석되지 않는다.

6 제스처

프리젠테이션을 하면서 메시지를 강조할 때와 목소리의 변화를 줄 때 그에 적절한 제스처가 이루어져야 한다. 제스처는 말을 통하여 전달되는 메시지의 의미를 더욱 명확하게 해 주며, 특정한 단어나 구절을 강조하는 기능을 함과 동시에 청중고객의 시선을 모으는 역할을 한다.

1. 제스처의 기본 원칙

프리젠테이션을 하는 사람이면 누구나 다 제스처가 중요하다는 것을 알고 있기 때문에 프리젠터는 의식적으로 제스처를 하려고 노력한다. 그러나 제스처에 대해 지나치게 많은 신경을 쓰다 보면 과장되거나 어색한 제스처가 나오게 된다.

제스처는 다른 몸짓 언어와 마찬가지로 자연스러움을 그

생명으로 한다. 일상적인 대화를 할 때처럼 제스처가 말의 일부라고 느껴질 만큼 자연스러워야 한다. 제스처가 말과 동떨어져 따로 놀거나 프리젠테이션으로부터 분리된 별개의 동작처럼 느껴져서는 안 된다.

제스처가 자연스러워지려면 손이 무의식적으로 움직여야 한다. 그러기 위해서는 기본자세를 취할 때 손을 자유로이 풀어 놓아야 한다. 깍지를 끼거나 탁자를 누르고 있거나 호주머니 속에 넣어 두면 손이 자유로이 움직일 수 없다. 손을 자유롭게 풀어 놓은 상태에서 프리젠테이션의 진행에 맞게 몸을 움직이다 보면 자연스런 제스처가 나오게 된다.

2. 제스처의 기법

1) 제스처는 팔 전체로 하라

제스처는 말에 강세를 주고 청중고객의 시선을 모으기 위해서 하는 것이다. 따라서 제스처는 역동적일수록 더 효과적이다. 제스처를 역동적으로 하기 위해서는 어깨에서 손에 이르기까지 팔 전체를 유기적으로 움직여야 한다.

손만 조금씩 움직이거나 어깨를 고정시킨 상태에서 팔꿈치 아래만 움직이는 제스처는 좋지 않다. 손이 위로 올라가면 팔꿈치도 따라 올라가야 하고 어깨도 약간 들려야 하며, 손이 열리면 팔꿈치와 어깨도 바깥으로 움직여야 한다.

2) 크고 분명하게 하라

제스처는 대화를 할 때처럼 자연스럽게 이루어져야 한다. 그러나 프리젠테이션은 대화 때보다 더 많은 청중고객을 대상으로 하기 때문에 청중고객과 프리젠터의 거리도 대화 때보다는 멀어지는 것이 보통이다. 따라서 제스처도 이에 맞추어 크고 분명하게 해야 한다.

크게 하라는 것은 손과 팔의 움직임을 보다 확대하라는 말이며, 분명하게 하라는 것은 한 움직임의 시작과 끝을 명확히 하라는 말이다. 제스처가 크고 분명하면 프리젠터가 하는 말이 설득력을 갖게 된다.

그렇다고 제스처를 과장되게 하는 것은 좋지 않다. 일반적으로 제스처는 머리 위나 허리 아래로 내려가지 않는 것이 좋고, 좌우로는 양 어깨로부터 30센티미터 이상 벗어나지 않는 것이 좋다.

프리젠터의 손이 이 선을 넘어가면 그 손을 쫓는 청중고객의 시선이 프리젠터의 얼굴로부터 벗어나게 된다. 제스처는 청중고객의 시선을 집중시키기 위해 하는 것이지 청중고객의 시선을 분산시키고자 하는 것이 아니다. 따라서 청중고객이 눈길을 돌려야 집중할 수 있는 제스처는 피하는 것이 좋다.

3) 제스처는 언제나 완성시켜라

한 번 팔을 움직여 제스처를 하기 시작했으면 반드시 그것

을 끝내야 한다. 그렇지 않고 제스처를 하려다가 어색해서 주
춤거리게 되면 자신감이 없다는 것을 드러내는 결과를 낳는다.

프리젠테이션을 할 때는 정열과 박력을 보여 주어야 할 뿐
아니라 자신감에 차 있다는 것을 보여 주어야 한다. 그래야 청
중고객이 프리젠터의 말 속으로 이끌려 들어오기 때문이다. 그
러기 위해서는 한번 마음먹고 움직인 팔이라면 의도했던 제스
처가 확실히 끝날 때까지 자신감 있게 움직여 주어야 한다.

4) 제스처의 크기와 빈도는 상황에 따라 달라져야 한다

흔히 프리젠테이션을 할 때는 제스처를 자주 그리고 크게
하라고 한다. 그러나 이 말은 제스처가 반드시 잦고 커야 한
다는 의미가 아니고 일반적인 대화와 비교해 볼 때 잦고 커
야 한다는 것이다.

제스처의 크기와 빈도는 프리젠테이션의 성격과 청중고객의
규모 및 배치에 따라 달라져야 한다. 어떤 프리젠테이션은 성
격상 역동적이고 열정적인 발표를 한다.

이를테면, 정치연설이나 대고객 프리젠테이션 또는 강연 등
이 이러한 프리젠테이션에 속한다. 이런 프리젠테이션을 할
때는 제스처가 크고 잦아야 한다.

그러나 지위가 높은 청중고객을 상대로 아이디어를 제시하
는 프리젠테이션을 하거나 연구결과를 보고하는 프리젠테이
션을 할 때, 또는 회의 중에 잠깐 발표를 하는 경우에는 정열

적인 프리젠테이션보다 차분한 프리젠테이션이 더 효율적이다. 이럴 때는 제스처의 폭도 줄여야 하며 너무 자주 할 필요도 없다.

제스처의 폭과 빈도는 청중고객의 규모와도 적절히 맞아야 한다. 제스처는 청중고객의 시선을 끌고 언어에 강세를 주기 위한 것인 만큼 청중고객의 규모가 큰 경우에는 먼 곳에서도 볼 수 있도록 크게 자주 하는 것이 좋다.

5) 말과 타이밍을 맞춰라

프리젠테이션의 제스처는 말의 의미를 분명하게 하고 말에 강세를 주는 역할을 한다. 따라서 제스처는 말과 타이밍이 맞아야 한다. 말과 따로 노는 손, 움직임이나 말보다 한발 늦게 나오는 제스처 그리고 말보다 먼저 나오는 제스처는 효과도 없을뿐더러 프리젠테이션을 어색하게 만든다.

제스처를 해야 한다는 강박관념 때문에 억지로 제스처를 하게 되면 손 움직임이 말과 따로 놀게 된다. 또 흥분한 나머지 힘을 넣어 지나치게 크게 제스처를 하면 말이 끝난 후에야 팔이 정점에 달하게 된다. 따라서 제스처를 위한 제스처라든지 지나치게 힘이 들어간 제스처는 피해야 한다.

6) 내용의 흐름에 맞추어 변화를 추구하라

프리젠테이션을 할 때는 목소리가 단조로워서도 안 되지만 제스처 역시 단조로워서는 안 된다. 처음부터 끝까지 같은 크

기의 제스처를 하거나 같은 모양의 제스처를 하게 되면 프리
젠테이션까지도 단조롭게 느껴진다.

박력 있고 정열적인 프리젠테이션을 하고자 하여 계속해서
강렬한 제스처를 하게 되면 청중고객이 이에 면역이 되어 얼
마 후에는 큰 제스처에도 별다른 느낌을 받지 못한다.

내용의 흐름에 맞추어 강조해야 할 부분에서는 크게, 그렇
지 않은 부분에서는 작게 함으로써 변화를 추구해야 한다.

7) 손과 팔을 다양한 각도로 움직여라

특별히 필요해서 일부러 그렇게 하는 경우를 제외하고는
제스처를 할 때 주먹을 쥐거나 활짝 펴는 것은 좋지 않다.

손가락과 손바닥을 축구공을 쥔 듯한 정도로 약간 구부린
상태에서 여러 가지 제스처를 하는데, 내용의 흐름에 맞추어
손바닥과 지면의 각도 그리고 손바닥과 정면의 각도를 다양
하게 바꾸어 주는 것이 좋다.

때로는 지면과 70도 정도의 각도를 두고, 때로는 천장과
70도 정도의 각도를 두며, 곧바로 지면을 향하도록 하기도 하
고, 두 손바닥이 서로 마주 보도록 하기도 한다.

손과 팔을 올리고 내리는 각도와 앞으로 밀어내고 몸 쪽으
로 끌어당기는 각도로 내용의 흐름에 따라서 다양하게 변화시
켜야 한다. 손 움직임이 단조롭게 반복되는 것은 좋지 않다.

8) 말하고 있는 내용과 일치하도록 하라

제스처는 말하고 있는 내용과 일치하여야 한다. "우리는 달성할 수 있습니다. 꼭 해낼 수 있습니다."라고 말을 하면서 고개를 좌우로 흔들며 자신 없이 미심쩍은 표정을 짓는다면 내용과 제스처가 일치되지 않아 프리젠터가 자신이 하고 있는 이야기를 믿고 있지 않거나 자신감이 없는 것으로 느껴진다.

9) 문화적 특성을 고려하라

이 외에 제스처는 문화에 따라 다른 경우가 있다. 흔히 모든 일이 잘되고 있을 때 엄지손가락과 둘째손가락을 맞붙여 동그라미 표시를 한다. 그러나 이러한 제스처가 영어 문화권에서는 'OK'라는 뜻이지만 프랑스에서는 외설스런 욕이 된다. 제스처는 문화에 따라 달리 해석될 수 있으므로 주의하여야 한다.

부록 프리젠테이션 체크리스트

부록 1 프리젠테이션 평가

다음을 읽고 잘한 것은 3점, 부족한 것은 2점, 못한 것은 1점으로 평가
하라.

- 청중고객의 주의를 끌었는가?   (　)
- 주제를 분명히 소개했는가?   (　)
- 주제와 청중고객을 관련지었는가?   (　)
- 공신력을 설정했는가?   (　)
- 구성이 분명한가?   (　)
- 주된 논점이 지지를 얻었는가?   (　)
- 접속부를 효과적으로 사용했는가?   (　)
- 2개 이상의 지지자료가 있었는가?   (　)
- 적절한 지지자료를 활용했는가?   (　)
- 논점을 분명히 요약했는가?   (　)
- 생생한 끝맺음을 했는가?   (　)
- 눈 맞춤을 잘 유지했는가?골고루, 여유 있게   (　)

- 몸의 움직임이 자연스러웠는가?   (   )
- 차분하고 안정되었는가?   (   )
- 분명하게 발음을 했는가?   (   )
- 목소리의 크기는 적절했는가?   (   )
- 말의 속도는 적절했는가?   (   )
- 비언어적인 군말'어', '저' 등을 사용하지 않았는가?

                                          (   )

- 잠시 멈추기를 효과적으로 했는가?   (   )
- 열성적이었는가?목소리 높낮이, 강약   (   )
- 준비되고 내면화된 스타일이었는가?   (   )
- 창의적인 주제 전개를 하였는가?   (   )
- 설득의 취지에 적합했는가?   (   )
- 정해진 시간 안에 마쳤는가?   (   )

부록 2 프리젠테이션 시각자료 구성

:: 표지

　제목

:: 소개

　– 회사 능력, 자격

　– 프리젠터의 자격

:: 배경

　– **고객 중심**: 고객이 이번 프로젝트_{자사의 상품, 서비스}를 수행

　　해야 하는 이유, 배경

　– **상황**: 고객이 처한 상황

:: 주제

　극복할 문제

:: 목적

  기대하는 이익

:: 구성

  - 고객 니즈
  - 문제점보다는 해결의 이익 중심으로

:: 본론 - 가치 제안

  - 니즈 1 - Point - Bridge - Profit - Example - Visual Profit
  - 니즈 2······

:: 마무리

  - 요약: 니즈 1, 2, 3 / 솔루션 / 이익
  - 최종이익

부록 3 시각자료 만들기
Blank Chart

표지 – 제목	소개 – 조직, 발표자 자격	배경 – 고객 – 상황 – 주제 – 목적	구성 – 니즈, 문제해결 구성, 프리젠테이션 본론 순서
본론 – 가치 제안 1 니즈, 문제; 사실; 연결; 문제해결; 증거; 결정적 이익;	**본론 – 가치 제안 2** 니즈, 문제; 사실; 연결; 문제해결; 증거; 결정적 이익;		
본론 – 가치 제안 3 니즈, 문제; 사실; 연결; 문제해결; 증거; 결정적 이익;	**마무리** • 요약; • 이익; 질의응답	최종 마무리	

부록 4 오프닝 시나리오

오프닝

- 인사
- 이름과 직위, 전문성 소개
- 주제 또는 목적 ; 고객의 상황과 최종이익
- 배경 ; 고객의 상황
- 구성(주요내용과 요지) - 니즈 해결 순서 / 가치 제안 내용
- 시각자료, 매체 ; 증거자료
- 시간
- 질문
- 청중
- 시작으로 연결

부록 5 본론 시나리오

■ ■ ■

본론

Whole;

Prat	첫 번째	N; 고객니즈
		P; 사실
		B; 연결
		P; 이익
		E; 증거
		V, P; 최종이익
	두 번째	
	세 번째	

Whole;

■ ■ ■

부록 6 마무리 시나리오

■ ■ ■

마무리

- 마무리 소개;
- 요약; 니즈와 솔루션
- 결론: 경영니즈 충족
- 마지막 추천; 바라는 행동
- 지원 / 지지; 추가적인 단계
- 질문;
    판단;
    대응;
- 답변;
- 최종 마무리; 경영니즈 충족의 궁극적인 모습

■ ■ ■

Sales Master Series 2

프리젠테이션 마스터 A⁻ᶻ

초판인쇄 | 2009년 1월 30일
초판발행 | 2009년 1월 30일

지은이 • 노진경 / 펴낸이 • 채종준 / 펴낸곳 • 한국학술정보㈜ / 주소 • 경기도 파주시 교하읍 문발리
513-5 파주출판문화정보산업단지 / 전화 • 031)908-3181(대표) / 팩스 • 031)908-3189 / 홈페이지 •
http://www.kstudy.com / E-mail • 출판사업부 publish@kstudy.com

등 록 | 제일산-115호(2000. 6. 19)
가 격 | 25,000원

ISBN 978-89-534-0523-0 03020 (Paper Book)
978-89-534-0524-0 08320 (e-Book)